即練！使える中国語

費　　燕
馮　小喆
胡　興智
黃　琬婷
岩井伸子
劉　光赤
島田亜実
王　熙萍
張　　彤

朝日出版社

音声ダウンロード

 音声再生アプリ「リスニング・トレーナー」新登場（無料）

朝日出版社開発のアプリ、「リスニング・トレーナー（リストレ）」を使えば、教科書の音声をスマホ、タブレットに簡単にダウンロードできます。どうぞご活用ください。

まずは「リストレ」アプリをダウンロード

▶ App Store はこちら　　▶ Google Play はこちら

アプリ【リスニング・トレーナー】の使い方

❶ アプリを開き、「コンテンツを追加」をタップ
❷ QRコードをカメラで読み込む

❸ QRコードが読み取れない場合は、画面上部に 45306 を入力し「Done」をタップします

パソコンからも以下のURLから音声をダウンロードできます

http://audiobook.jp/exchange/asahipress

▶ 音声ダウンロード用のコード番号【45306】

※ audiobook.jpへの会員登録（無料）が必要です。すでにアカウントをお持ちの方はログインしてください。

QRコードは㈱デンソーウェーブの登録商標です

Webストリーミング音声

http://text.asahipress.com/free/ch/sokuren-01

まえがき

　このテキストは、中国語を初めて学ぶ人のために作られたものです。週２コマで一年間学習することを想定し、十二課構成になっています。各課は「課文１、ポイント１」「課文２、ポイント２」「総合練習」からなり、一課を三回の授業で学習するよう想定し作成しました（第一課を除く）。

　本テキストの構成は、次の通りです。
- 【発音】　ピンインを重点的にまとめています。ピンインや四声を身につけるためのドリルが多く取り込まれています。
- 【課文】　日本人学生と中国人留学生が日本の大学のキャンパスで様々な会話を展開しています。学生生活の多様な側面を反映し、アルバイトや学園祭、留学等多くの話題や場面を取り上げています。
- 【ポイント】　課文に基づき、重要な文法や表現を簡潔にまとめています。各ポイントの下にある「練習」を通して、文法への理解度を確認することができます。
- 【総合練習】　課文１と２のポイントや表現に基づき、会話、リスニング、翻訳、作文等の練習が盛り込まれています。繰り返し練習することで、学んだポイントや表現を身に付けることを目指しています。
- 【コラム】　その課と関連する表現や中国の文化・社会事情の解説を取り入れています。
- 【応用練習】　二課ごとの復習のために設けています。実力試しのテストとしても使用可能なドリルと、リーディング能力を高めるための「読解練習」として各課の会話文を一つの文章にまとめたものが入っています。
- 【付録　各課内容確認ドリル】　テキストの最後に各課のドリルを設けています。宿題や小テストとして使うことができます。

　本テキストは上智大学の第二外国語の中国語教材として二年間使われてきた試用本に修正・改編を加えたものです。作成開始から今回の正式出版まで、約三年の歳月を要しました。とりわけ、改訂期間には多くの教員から貴重な意見やアドバイスを頂き、それを参考に、課文の内容、ポイントの説明や例文、総合練習の練習問題、コラムなどを修正してまいりました。この場をお借りし、このテキストの作成及び改訂に携わったすべての教員に感謝の意を表します。

2019年秋　著者

目 次

概　説

第一課　発音の基礎 …………………… 2
　発音1　声調と単母音 ………………… 2
　発音2　複母音 ……………………… 6
　発音3　子音 ………………………… 9
　発音4　鼻母音 ……………………… 12
　発音5　発音の総合練習 …………… 15
　付　録　挨拶言葉20 ………………… 17

第二課　你好 …………………………… 19
　課文1 ………………………………… 20
　　ポイント1　①人称代名詞
　　　　　　　　②動詞述語文
　　　　　　　　③"吗"を用いる疑問文
　課文2 ………………………………… 22
　　ポイント2　①副詞"不"
　　　　　　　　②副詞"也"と"都"
　総合練習 ……………………………… 24
　コラム　挨拶と呼びかけ …………… 26

第三課　你是哪个学院的? …………… 27
　課文1 ………………………………… 28
　　ポイント1　①指示代名詞
　　　　　　　　②助詞"的"(1)
　　　　　　　　③形容詞述語文
　課文2 ………………………………… 30
　　ポイント2　①疑問詞疑問文
　　　　　　　　②「所在」を表す"在"
　総合練習 ……………………………… 32
　コラム　出身地 ……………………… 34

第二、三課　応用練習 ……………… 35

第四課　你想吃什么? ………………… 37
　課文1 ………………………………… 38
　　ポイント1　①連動文
　　　　　　　　②勧誘や命令を表す文に用いる
　　　　　　　　　語気助詞"吧"
　　　　　　　　★"又～又～"
　課文2 ………………………………… 40
　　ポイント2　①助動詞"想"と助動詞"要"
　　　　　　　　②反復疑問文
　総合練習 ……………………………… 42
　コラム　中華料理とマナー ………… 44

第五課　你的爱好是什么? …………… 45
　課文1 ………………………………… 46
　　ポイント1　①動詞"喜欢"
　　　　　　　　②選択疑問文
　　　　　　　　★時(いつ)を表すことばの位置
　課文2 ………………………………… 48
　　ポイント2　①所有を表す動詞"有"
　　　　　　　　②名詞述語文
　　　　　　　　③前置詞"在"
　総合練習 ……………………………… 50
　コラム　「いつ」の言い方 ………… 52

ステップアップ練習 …………………… 53

第四、五課　応用練習 ……………… 55

第六課　我想买一束花 ………………… 57
　課文1 ………………………………… 58
　　ポイント1　①100以上の数の数え方
　　　　　　　　②ものの数え方
　課文2 ………………………………… 60
　　ポイント2　①場所を表す指示代詞と方位詞
　　　　　　　　②存在を表す"有"と所在を表す
　　　　　　　　　"在"
　総合練習 ……………………………… 62
　コラム　値段の言い方と
　　　　　買い物に関する表現 ……… 64

ステップアップ練習 …………………… 65

第七課　暑假你去哪儿了? …………… 67
　課文1 ………………………………… 68
　　ポイント1　①～"了"
　　　　　　　　②助詞"的"(2)
　課文2 ………………………………… 70
　　ポイント2　①経験を表す"过"
　　　　　　　　②数量補語
　総合練習 ……………………………… 72
　コラム　時間の長さの言い方 ……… 74

ステップアップ練習 …………………… 75

第八課 你今天下课以后做什么? ……… 77
 課文1 ……………………………… 78
  ポイント1　①"是~的"構文
      ②前置詞"从"
 課文2 ……………………………… 80
  ポイント2　①前置詞"离"
      ②動詞の重ね型
 総合練習 ………………………… 82
 コラム　"的"の使い方 …………… 84

第七、八課　応用練習 …………… 85

第九課　学园节 …………………… 87
 課文1 ……………………………… 88
  ポイント1　①助動詞"会"
      ②助動詞"能"
 課文2 ……………………………… 90
  ポイント2　①動作の進行
      ②助動詞"可以"
 総合練習 ………………………… 92
 コラム　"在"の使い分け ………… 94

第十課　告诉你一个好消息 ……… 95
 課文1 ……………………………… 96
  ポイント1　①変化を表す"了"
      ②目的語を2つ取れる動詞
      ★禁止を表す"别~"
 課文2 ……………………………… 98
  ポイント2　①様態補語
      ②比較表現
 総合練習 ………………………… 100
 コラム　中国の大学受験 ………… 102

第九、十課　応用練習 …………… 103

第十一課　作业写完了吗? ……… 105
 課文1 ……………………………… 106
  ポイント1　①結果補語
      ②"(就)要~了"
 課文2 ……………………………… 108
  ポイント2　①主述述語文
      ②使役表現"让"
      ★副詞"刚"
 総合練習 ………………………… 110
 コラム　生活の中の漢詩 ………… 112

第十二課　就要去北京留学了 …… 113
 課文1 ……………………………… 114
  ポイント1　①単純方向補語
      ②"要是~的话，(就)…"
 課文2 ……………………………… 116
  ポイント2　①複合方向補語
      ②助動詞"应该"
 総合練習 ………………………… 118
 コラム　喜ばれない贈り物 ……… 120

第十一、十二課　応用練習 ……… 121

付録
 各課内容確認ドリル ……………… 124

単語索引 …………………………… 135

人物紹介

山本翼
男、大学2年生

山本翼
Shānběn Yì

李燕
女、大学2年生
留学生

李燕
Lǐ Yàn

鈴木大地
男、大学3年生

铃木大地
Língmù Dàdì

高橋結衣
女、大学2年生
李燕のクラスメート

高桥结衣
Gāoqiáo Jiéyī

中国語

　中国は13億以上の人口を有する国で、56の民族からなる多民族国家でもあります。そのうち人口の90％以上が漢民族です。私たちが「中国語」と呼んでいる言葉は、中国では"中文 Zhōngwén"或いは"汉语 Hànyǔ"と言い、通常は漢民族の言語のことを指しています。

普通話

　"汉语"には、北京語、上海語、広東語などの方言があり、学校では共通語として定められた"普通话 Pǔtōnghuà"を教えます。"普通话"は、北京語の語音、北方方言の語彙、現代の模範的な口語文の文法を基準とするものです。これから私たちが勉強する中国語は、この"普通话"です。

簡体字

　中国語は漢字で書き表されています。現在、中国で使われている漢字は、古い字体の繁体字を簡略化したもので、"简体字 jiǎntǐzì"と呼びます。簡体字の作り方には、いくつかのパターンがあります。

◎偏や旁を略したもの：　　　　　漢語 → 汉语　　　認識 → 认识
◎草書体を利用したもの：　　　　東　 → 东　　　書　 → 书　　　專 → 专
◎繁体字の一部だけを残したもの：復習 → 复习　　　産業 → 产业

　中国の漢字には、日本語の漢字と同じでも、意味が異なっているものがあります。
　例えば、"便宜 piányi"＝（値段が）安い、"手纸 shǒuzhǐ"＝トイレットペーパーなど、使う時注意しましょう。

ピンイン

　中国語の発音表記にはローマ字が使われています。このローマ字のことを"拼音 pīnyīn（ピンイン）"と言います。中国語は声調言語で、一つ一つの音節に"声调 shēngdiào"と呼ばれる高低抑揚のイントネーションがついています。"拼音"には声調記号をつけて発音します。

第一課

発音の基礎

発音1 声調と単母音

A：你好。
Nǐ hǎo.
こんにちは。

B：你好。
Nǐ hǎo.
こんにちは。

A：你早。
Nǐ zǎo.
おはよう。

B：早上好。
Zǎoshang hǎo.
おはよう。

A：你们好。
Nǐmen hǎo.
みなさん、こんにちは。

B：老师好。
Lǎoshī hǎo.
先生、こんにちは。

中国語の発音の仕組み

（声母）＋韻母＋声調

声母とは：音節はじめの子音
韻母とは：声母以外の部分
声調とは：音節全体にかかる高低アクセント。口の開きが一番大きい主母音の上につけます。

例：黄 huáng

声調	
声母	韻母
h	uang

★韻母だけの音節もあります。例えば、爱 ài

2

声調

中国語には4つの声調があります。「**四声**」とも言います。
同じ発音でも声調が違うと意味がまったく違います。

mā	má	mǎ	mà
妈（母）	麻（麻）	马（馬）	骂（罵る）

第一声　「-」高く平らに発音します。
第二声　「ˊ」急激に上昇します。
第三声　「ˇ」低く抑えます。
第四声　「ˋ」高いところから急激に下降します。

四声のほかに、「**軽声**」があります。前の声調に続けて軽く短く発音します。

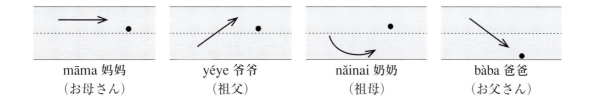

第三声の変調

第三声と第三声が続く場合は、前の音節の第三声は第二声に変調して発音します。声調記号は元の第三声のままです。

例：nǐ hǎo → ní hǎo　　shǒubiǎo → shóubiǎo
　　你好　　　　　　　　手表

★その他の声調の前では、低く抑えて発音します。
例：lǎoshī 老师、lǐyóu 理由、lǐwù 礼物、jiějie 姐姐

単母音

中国語の母音には、次のように、基本的に6つの音があります。

a	日本語の「ア」より口を大きく開いて、明るく「ア」と発音します。
o	日本語の「オ」より唇を丸めて、「オ」と発音します。
e	日本語の「エ」より口をやや横に開いて、「オ」と発音します。
i (yi)	日本語の「イ」より口をぐっと横に開いて、鋭く「イ」と発音します。
u (wu)	日本語の「ウ」より唇を丸く前に突き出して、口の奥から発音します。
ü (yu)	日本語の「ユ」の音のように唇をすぼめて、「イ」と発音します。

★ （　）内は前に子音がつかず、母音が単独で音節になるときの表記です。

単母音のほかに、そり舌母音が一つあります。

er	日本語の「ア」と発音しながら、舌先を上にそらせて発音します。

ドリル

① 発音してみましょう。

1) ā　á　ǎ　à　　2) ō　ó　ǒ　ò　　3) ē　é　ě　è

4) yī　yí　yǐ　yì　　5) wū　wú　wǔ　wù　　6) yū　yú　yǔ　yù

② 音声を聞いて、読まれたものを選んでみましょう。

1) á　ā　à　　2) ǒ　ó　ò　　3) é　ē　è

4) yì　yǐ　yī　　5) wú　wù　wū　　6) yǔ　yú　yù

③ 音声を聞いて声調をつけ、さらに発音してみましょう。　　　　　　　　　　　　　　　　　1-⑥

1) a　阿　　　　　2) o　噢　　　　　3) e　饿
4) yi　椅　　　　 5) wu　吴　　　　 6) yu　鱼
7) er　耳　　　　 8) baba　爸爸　　 9) mama　妈妈
10) yeye　爷爷　 11) nainai　奶奶　12) gege　哥哥

④ 二音節の単語を発音してみましょう。　　　　　　　　　　　　　　　　　　　　　　　　　1-⑦

1) āyí　阿姨　　　2) wǔyì　武艺　　3) yìwù　义务　　4) yǔyī　雨衣
5) ěryǔ　耳语　　 6) èyì　恶意　　 7) wūyú　乌鱼　 8) yìyì　意义

⑤ 声調の組み合わせを読んでみましょう。　　　　　　　　　　　　　　　　　　　　　　　　1-⑧

第一声	māmā	māmá	māmǎ	māmà	māma
第二声	mámā	mámá	mámǎ	mámà	máma
第三声	mǎmā	mǎmá	mǎmǎ	mǎmà	mǎma
第四声	màmā	màmá	màmǎ	màmà	màma

⑥ 第三声に注意して発音してみましょう。　　　　　　　　　　　　　　　　　　　　　　　　1-⑨

shǒujī	手机	yǔyī	雨衣	（第三声を低く抑えて）
xiǎoxué	小学	Fǎguó	法国	（第三声を低く抑えて）
yǒuhǎo	友好	lǐjiě	理解	（第三声を第二声に変えて）
zuǒyòu	左右	wǔyuè	五月	（第三声を低く抑えて）
lǎoye	老爷	jiějie	姐姐	（第三声を低く抑えて、軽声を少し高くします）

1 発音の基礎

発音2　複母音

A：谢谢。
Xièxie.
ありがとう。

B：不客气。
Bú kèqi.
どういたしまして。

A：对不起。
Duìbuqǐ.
すみません。

B：没关系。
Méi guānxi.
かまいません。

A：再见。
Zàijiàn.
さようなら。

B：明天见。
Míngtiān jiàn.
また明日。

複母音

中国語の韻母には、2つあるいは3つの母音からなるものがあります。

ai	ei	ao	ou	
ia (ya)	ie (ye)	ua (wa)	uo (wo)	üe (yue)
iao (yao)	iou (you)	uai (wai)	uei (wei)	

★ （　）内は前に子音がつかず、母音が単独で音節になるときの表記です。

複母音「iou」「uei」は前に子音がつくときは「iou」を「iu」、「uei」を「ui」と表記します。

例：l + iou → liu　liú 留　　　d + uei → dui　duì 对

声調記号のつけ方

① 声調記号は母音の上につけます。　　　　　　　　　　　　　例：dà 大　　zhù 住
② a があれば a の上につけます。　　　　　　　　　　　　　　例：xiǎo 小　　huā 花
③ a がなければ o か e の上につけます。　　　　　　　　　　例：duō 多　　měi 美
④ i と u が並ぶ場合は後のほうにつけます。　　　　　　　　例：liù 六　　huí 回
⑤ i の上に声調記号をつける場合は「・」をとってつけます。　例：nǐ 你　　xì 系

"不 bù" の声調変化

"不"はもともと第四声ですが、後ろに同じ第四声が続く場合は、前の"不"は第二声に変調します。声調記号は第二声に変えます。

bù ＋ 第四声 → bú ＋ 第四声

例：bù ＋ è　→　bú è　　　bù ＋ kèqi　→　bú kèqi
　　　　　　　不饿　　　　　　　　　　　　不客气

なお、"不"の後ろに第一声、第二声、第三声が続く場合は、"不"は第四声のままです。

例：bù hē　　　bù xué　　　bù hǎo
　　不喝　　　　不学　　　　不好

"一 yī" の変調

"一"は本来第一声ですが、後ろに第一・二・三声が続く場合は第四声に変調し、第四声が続く場合は第二声に変調します。声調記号はそれぞれ発音に合わせます。

　　"yī" ＋ 第一声 → yì jiā 一家
　　"yī" ＋ 第二声 → yì tái 一台
　　"yī" ＋ 第三声 → yì bǎ 一把
　　"yī" ＋ 第四声 → yí cì 一次

ただし、"一"は序数を表すときは、第一声のままです。　例：yīhào 一号　dìyīkè 第一课
"一"の後ろにほかの音節が続かないときも、第一声のままです。　例：tǒngyī 统一

ドリル

① 音声を聞いて、読まれたものを選んでみましょう。

1) āo　ōu　　　2) yào　yòu　　　3) yuè　yè　　　4) wǔ　wǒ
　 凹　欧　　　　　要　又　　　　　　月　夜　　　　　五　我

5) yá　wá　　　6) wèi　wài　　　7) ǒu　wǒ　　　8) èi　ài
　 牙　娃　　　　　胃　外　　　　　　偶　我　　　　　欸　爱

② 音声を聞いて声調を正しい位置につけ、さらに発音してみましょう。　　　　　　　　　　　　V 1-⑬

1) ai　　　　　2) ao　　　　　3) ou　　　　　4) ya　　　　　5) ye　　　　　6) wa
　 哀　　　　　　 袄　　　　　　 鸥　　　　　　 亚　　　　　　 也　　　　　　 挖

7) wo　　　　　8) yue　　　　9) yao　　　　10) you　　　　11) wai　　　　12) wei
　 握　　　　　　 约　　　　　　 摇　　　　　　 有　　　　　　 歪　　　　　　 未

③ 複母音の発音に注意して、単語を読んでみましょう。　　　　　　　　　　　　　　　　V 1-⑭

1) àihào　　　　　2) lěiqiú　　　　　3) lóutī　　　　　4) xiàwǔ
　 爱好　　　　　　 垒球　　　　　　 楼梯　　　　　　 下午

5) jiéguǒ　　　　　6) huācǎo　　　　 7) guójiā　　　　　8) xuéxiào
　 结果　　　　　　 花草　　　　　　 国家　　　　　　 学校

9) jiàoxué　　　　10) jiǔbēi　　　　11) wàimào　　　　12) duìhuà
　 教学　　　　　　 酒杯　　　　　　 外贸　　　　　　 对话

④ 声調の変化に注意して、発音してみましょう。　　　　　　　　　　　　　　　　　　　V 1-⑮

1) bú qù　　　　　2) bù mǎi　　　　 3) bù duō　　　　4) bú è
　 不去　　　　　　 不买　　　　　　 不多　　　　　　 不饿
　（行かない）　　　（買わない）　　　（多くない）　　　（お腹がすかない）

5) yì kē　　　　　6) yì hé　　　　　 7) yìqǐ　　　　　 8) yí fù
　 一棵　　　　　　 一盒　　　　　　 一起　　　　　　 一副
　（[植物]一本）　　（一箱）　　　　　（一緒に）　　　　（一対）

⑤ 声調の変化に注意して、"bu" と "yi" に声調をつけてみましょう。　　　　　　　　　V 1-⑯

1) bu hē　　　　　2) bu jiè　　　　 3) bu xiě　　　　 4) bu lái
　 不喝　　　　　　 不借　　　　　　 不写　　　　　　 不来
　（飲まない）　　　（借りない）　　　（書かない）　　　（来ない）

5) yi bēi　　　　 6) yi yì　　　　　 7) yi bǎi　　　　 8) yi tóu
　 一杯　　　　　　 一亿　　　　　　 一百　　　　　　 一头
　（一杯）　　　　　（一億）　　　　　（百）　　　　　　（一頭）

発音3　子音

A：好久 不见。
Hǎojiǔ bú jiàn.
お久しぶり。

B：好久 不见。
Hǎojiǔ bú jiàn.
お久しぶり。

A：请 喝 茶。
Qǐng hē chá.
お茶をどうぞ。

B：谢谢。
Xièxie.
ありがとう。

A：你 忙 吗？
Nǐ máng ma?
お忙しいですか。

B：还 可以。
Hái kěyǐ.
まあまあです。

子音

中国語の子音表

	（無気音）	（有気音）		
唇音 しんおん	b(o)	p(o)	m(o)	f(o)
舌尖音 ぜっせんおん	d(e)	t(e)	n(e)	l(e)
舌根音 ぜっこんおん	g(e)	k(e)	h(e)	
舌面音 ぜつめんおん	j(i)	q(i)	x(i)	
そり舌音 じたおん	zh(i)	ch(i)	sh(i)	r(i)
舌歯音 ぜっしおん	z(i)	c(i)	s(i)	

★（　）内は子音にその母音をつけて発音します。

無気音と有気音

無気音 ── 息の音がしないようにそっと発音します。

有気音 ── 息の音が聞こえるように強く出して発音します。

例：bo　　　　　　　　　　po

　　de　　　　　　　　　　te

無気音と有気音は以下の6つのペアがあります。

| b - p | d - t | g - k | j - q | zh - ch | z - c |

そり舌音と舌歯音

「そり舌音」とは、舌先をそり上げて発音するものです。舌先を歯茎の後に向かって舐め上げて、歯茎の根っこの位置を見つけ、舌先をその位置までそりあげて発音します。

「舌歯音」は舌先と歯を摩擦して、発音するものです。口の端を横に引いて発音します。

　　zhi　　　chi　　　　shi　　　ri　　　　zi　　　ci　　　　si

★母音「i」は「j」「q」「x」の後に続く時は本来の「i」のままで発音します。
　「zh」「ch」「sh」「r」「z」「c」「s」の後に続くときは本来の発音と異なり、それぞれの子音に添えて発音します。

★子音「j」「q」「x」に「ü」が続く時は「u」の上の「¨」をとって表記します。

例：j + ü → ju　jū 居　　　q + ü → qu　qù 去　　　x + ü → xu　xǔ 许

　　j + üe → jue　jué 决　　q + üe → que　què 雀　　x + üe → xue　xué 学

ドリル

① 無気音と有気音に注意して発音してみましょう。

1) dǎ 打 ― tǎ 塔　　2) gū 姑 ― kū 哭　　3) bí 鼻 ― pí 皮　　4) dù 肚 ― tù 兔

5) jù 句 ― qù 去　　6) zhá 炸 ― chá 茶　　7) zǐ 子 ― cǐ 此　　8) bā 八 ― pā 趴

② h と f の違いに注意して発音してみましょう。

1) fú　hú　　2) fēi　hēi　　3) hǒu　fǒu　　4) hè　fù
　 福　胡　　　 飞　 黑　　　 吼　 否　　　 贺　富

5) fó　huó　　6) huì　fèi　　7) huā　fā　　8) fàn　hàn
　 佛　活　　　 会　 肺　　　 花　 发　　　 饭　 汉

③ i の音色の違いに注意して、読んでみましょう。

1) zi　ji　　2) ci　qi　　3) si　xi　　4) chi　qi

5) zhi　ji　　6) xi　shi　　7) li　ri　　8) ci　zi

④ 音声を聞いて、読まれたものを選んでみましょう。

1) nǚ 女 ― lǚ 旅　　2) xiǎo 小 ― shǎo 少　　3) qié 茄 ― xié 鞋　　4) guī 归 ― kuī 亏

5) duō 多 ― dōu 都　　6) rù 入 ― lù 路　　7) xī 希 ― xū 需　　8) zài 在 ― cài 菜

⑤ 音声を聞いて、空欄に子音を入れてみましょう。

1) ＿ī 七　　2) ＿ù 裤　　3) ＿à 大　　4) ＿ǔ 许

5) ＿ā 八　　6) ＿ō 坡　　7) ＿é 河　　8) ＿ǔ 土

⑥ 音声を聞いて、読まれたものを選んでみましょう。

1) Sìgǔ 四谷 ― Sègǔ 涩谷　　2) jīběn 基本 ― zīběn 资本

3) lùdēng 路灯 ― lǜdēng 绿灯　　4) zájì 杂技 ― zázhì 杂志

5) tùzi 兔子 ― dùzi 肚子　　6) shǎo chī 少吃 ― xiǎochī 小吃

発音4　鼻母音

A：您 贵姓?
Nín guìxìng?
お名前は？

B：我 姓 林。
Wǒ xìng Lín.
私は林といいます。

A：请 多 关照。
Qǐng duō guānzhào.
どうぞよろしく。

B：请 多 关照。
Qǐng duō guānzhào.
どうぞよろしく。

A：打扰 您 了。
Dǎrǎo nín le.
お邪魔しました。

B：没 关系。
Méi guānxi.
かまいません。

鼻母音

前鼻音 -n と後鼻音 -ng

日本語で「－ン」という音を中国語では -n と -ng に分れています。

実は日本語でも、「アンナイ」（案内）の「アン」と「アンガイ」（案外）の「アン」のそれぞれの「ン」は違います。「アンナイ」の「ン」は舌先が上の前歯の裏辺りにつきますが、「アンガイ」の方は、舌の根っこが上がって、舌先はどこにもつきません。「アンナイ」の「－ン」は中国語の -n、「アンガイ」の「－ン」は中国語の -ng に相当するのです。

前鼻音 -n：舌先を上の歯茎につけて発音します。
後鼻音 -ng：舌根を高く持ち上げて、舌先はどこにもつけずに発音します。

-n　　　　-ng

中国語鼻母音一覧表

an	en	ang	eng	ong
ian	in	iang	ing	iong
(yan)	(yin)	(yang)	(ying)	(yong)
uan	uen	uang	ueng	
(wan)	(wen)	(wang)	(weng)	
üan	ün			
(yuan)	(yun)			

★ （ ）内は前に子音がつかず、母音が単独で音節になるときの表記です。

★ 「uen」は前に子音がつくときは「un」と表記します。

例：t ＋ uen → tun　tūn　吞

r 化

音節の最後で舌をそり上げて発音するものを「r 化」といいます。
漢字では最後に"儿"、ピンインには「r」をつけて表します。

例：huàr　画儿　　　gēr　歌儿

★ -n+r、-ai/ei+r の場合、鼻母音の「n」と複母音の最後の「i」は脱落し、発音しません。

例：wánr　玩儿　　　wèir　味儿

★ -ng+r の場合は、母音の部分を鼻音化して、最後に舌をそり上げます。

例：xìnfēngr　信封儿

ドリル

① -n と -ng の違いに注意して発音してみましょう。

1) rénshēng 人生
2) xīnqíng 心情
3) xiànxiàng 现象
4) diànyǐng 电影
5) yīngxióng 英雄
6) yínháng 银行

② 音声を聞いて、読まれたものを選んでみましょう。

1) wēn — wēng
2) qiàn — qiàng
3) yǎn — yǎng
4) fèn — fèng
5) bān — bāng
6) nóng — néng
7) jìn — jìng
8) huán — huáng
9) xiàn — xiàng

③ 鼻母音の発音に注意して地名を読んでみましょう。

1) Dōngjīng 东京
2) Héngbīn 横滨
3) Xióngběn 熊本
4) Chōngshéng 冲绳
5) Xiānggǎng 香港
6) Tiānjīn 天津
7) Chóngqìng 重庆
8) Xīnjiāng 新疆

④ r 化に注意して発音してみましょう。

1) huà huàr 画画儿
2) xiǎo māor 小猫儿
3) chàng gēr 唱歌儿
4) yíhuìr（-i 脱落）一会儿
5) yìdiǎnr（-n 脱落）一点儿
6) yǒu kòngr（鼻音化）有空儿

⑤ 中国語で数字を発音してみましょう。

一	二	三	四	五	六	七	八	九	十
yī	èr	sān	sì	wǔ	liù	qī	bā	jiǔ	shí

十一 shíyī　十二 shí'èr　……　二十四 èrshisì　……　三十五 sānshiwǔ　……　九十九 jiǔshijiǔ

発音5　発音の総合練習

① 声調の組み合わせに注意して、日本の地名を読んでみましょう。　　1-㉝

 1）Dōngjīng 东京　　2）Chōngshéng 冲绳　　3）Shānkǒu 山口

 4）Qiānyè 千叶　　5）Héngbīn 横滨　　6）Chángqí 长崎

 7）Xióngběn 熊本　　8）Qíyù 埼玉　　9）Jiǔzhōu 九州

 10）Mǐzé 米泽　　11）Guǎngdǎo 广岛　　12）Zuǒhè 佐贺

 13）Jìnggāng 静冈　　14）Sìguó 四国　　15）Dàbǎn 大阪

 16）Nàbà 那霸

② 声調の違いに注意して発音してみましょう。　　1-㉞

 1）jiàoshì 教室 — jiàoshī 教师　　2）shuǐjiǎo 水饺 — shuìjiào 睡觉

 3）shǔjià 暑假 — shūjià 书架　　4）tóngyì 同意 — tǒngyī 统一

③ 音声を聞いて、読まれたものを選んでみましょう。　　1-㉟

 1）xīwàng 希望 — shīwàng 失望　　2）shūfǎ 书法 — shuōfǎ 说法

 3）lǚyóu 旅游 — lǐyóu 理由　　4）zhāodài 招待 — jiāodài 交代

④ 音声を聞いて、中国の地名に声調をつけてみましょう。　　1-㊱

 1）Beijing 北京　　2）Shanghai 上海　　3）Wuhan 武汉

 4）Dalian 大连　　5）Kunming 昆明　　6）Xi'an 西安

⑤ 唐詩を読んでみましょう。

春　晓
Chūnxiǎo

孟浩然
Mèng Hàorán

春　眠　不　觉　晓
chūn mián bù jué xiǎo

处　处　闻　啼　鸟
chù chù wén tí niǎo

夜　来　风　雨　声
yè lái fēng yǔ shēng

花　落　知　多　少
huā luò zhī duō shǎo

春暁
しゅんぎょう

孟浩然
もうこうねん

春眠　暁を覚えず
しゅんみん　あかつき　おぼ

処々　啼鳥を聞く
しょしょ　ていちょう　き

夜来　風雨の声
やらい　ふうう　こえ

花落つること知る多少
はな　お　し　たしょう

教室用語 15

1.	同学们好。	Tóngxuémen hǎo.	皆さん、こんにちは。
2.	老师好。	Lǎoshī hǎo.	先生、こんにちは。
3.	开始上课。	Kāishǐ shàngkè.	授業を始めます。
4.	现在点名。	Xiànzài diǎnmíng.	出席をとります。
5.	请打开书。	Qǐng dǎkāi shū.	本を開いてください。
6.	请看第~页。	Qǐng kàn dì~yè.	~頁を見てください。
7.	请看黑板。	Qǐng kàn hēibǎn.	黒板を見てください。
8.	请跟我念。	Qǐng gēn wǒ niàn.	私について読んでください。
9.	请你念一下。	Qǐng nǐ niàn yíxià.	どうぞ読んでください。
10.	请再念一遍。	Qǐng zài niàn yí biàn.	もう一度読んでください。
11.	请大点儿声。	Qǐng dà diǎnr shēng.	少し大きな声で言ってください。
12.	懂了吗?	Dǒng le ma?	わかりましたか。
13.	懂了。／不懂。	Dǒng le./Bù dǒng.	わかりました。／わかりません。
14.	下课。	Xiàkè.	授業はこれで終わります。
15.	同学们，再见。	Tóngxuémen, zàijiàn.	皆さん、さようなら。

付録　挨拶言葉20

ペアを組んで会話をしてみましょう。

1	A：	你好。 Nǐ hǎo. こんにちは。	B：	你好。 Nǐ hǎo. こんにちは。
2	A：	你们好。 Nǐmen hǎo. みなさん、こんにちは。	B：	老师好。 Lǎoshī hǎo. 先生、こんにちは。
3	A：	早上好。 Zǎoshang hǎo. おはようございます。	B：	早上好。 Zǎoshang hǎo. おはようございます。
4	A：	晚上好。 Wǎnshang hǎo. こんばんは。	B：	晚上好。 Wǎnshang hǎo. こんばんは。
5	A：	晚安。 Wǎn'ān. おやすみなさい。	B：	晚安。 Wǎn'ān. おやすみなさい。
6	A：	再见。 Zàijiàn. さようなら。	B：	再见。 Zàijiàn. さようなら。
7	A：	明天见。 Míngtiān jiàn. また明日。	B：	明天见。 Míngtiān jiàn. また明日。
8	A：	回头见。 Huítóu jiàn. また後で。	B：	回头见。 Huítóu jiàn. また後で。
9	A：	好久不见。 Hǎojiǔ bú jiàn. お久しぶりです。	B：	好久不见。 Hǎojiǔ bú jiàn. お久しぶりです。
10	A：	欢迎欢迎。 Huānyíng huānyíng. ようこそいらっしゃいました。	B：	谢谢。 Xièxie. ありがとう。

11	A：	认识 你 很 高兴。 Rènshi nǐ hěn gāoxìng. お会いできて嬉しいです。	B：	我 也 很 高兴。 Wǒ yě hěn gāoxìng. 私も嬉しいです。
12	A：	初次 见面，请 多 关照。 Chūcì jiànmiàn, qǐng duō guānzhào. 初めまして、どうぞよろしく。	B：	请 多 关照。 Qǐng duō guānzhào. どうぞよろしく。
13	A：	请 坐，请 喝 茶。 Qǐng zuò, qǐng hē chá. おかけください。お茶をどうぞ。	B：	谢谢。 Xièxie. ありがとう。
14	A：	你 身体 好 吗？ Nǐ shēntǐ hǎo ma? お元気ですか。	B：	还 好。 Hái hǎo. まあまあです。
15	A：	你 忙 吗？ Nǐ máng ma? お忙しいですか。	B：	还 可以。 Hái kěyǐ. まあまあです。
16	A：	你 说得 真 好。 Nǐ shuōde zhēn hǎo. 話すのがお上手ですね。	B：	哪里 哪里。 Nǎli nǎli. いえいえ。
17	A：	谢谢。 Xièxie. ありがとう。	B：	不 客气。 Bú kèqi. どういたしまして。
18	A：	对不起。 Duìbuqǐ. すみません。	B：	没 关系。 Méi guānxi. かまいません。
19	A：	麻烦 您 了。 Máfan nín le. お世話になりました。	B：	没 什么。 Méi shénme. どういたしまして。
20	A：	打扰 您 了。 Dǎrǎo nín le. お邪魔しました。	B：	请 慢走。 Qǐng mànzǒu. お気をつけてお帰り下さい。

第二課

你　好

学習目標

- あいさつすることができる。
- 自分の出身／身分を言うことができる。
- 名前を言う／尋ねることができる。

课文 1

山本翼: 你 好!
Shānběn Yì: Nǐ hǎo!

李燕: 你 好!
Lǐ Yàn: Nǐ hǎo!

山本: 请问, 你 是 中国人 吗?
Shānběn: Qǐngwèn, nǐ shì Zhōngguórén ma?

李: 对, 我 是 中国人。 你 是 哪 国 人?
Lǐ: Duì, wǒ shì Zhōngguórén. Nǐ shì nǎ guó rén?

山本: 我 是 日本人, 姓 山本。
Shānběn: Wǒ shì Rìběnrén, xìng Shānběn.

新出語句

①	你	nǐ	（代）	あなた
②	好	hǎo	（形）	よい
③	你好	nǐ hǎo		こんにちは（初対面のあいさつ言葉）
④	请问	qǐngwèn		ちょっとお尋ねします
⑤	是	shì	（動）	〜である
⑥	中国	Zhōngguó	（固）	中国
⑦	人	rén	（名）	人　※"中国人 Zhōngguórén"中国人
⑧	吗	ma	（助）	〜ですか、〜ますか（疑問を表す）
⑨	对	duì	（形）	正しい、その通りだ
⑩	我	wǒ	（代）	わたし
⑪	哪	nǎ(něi)	（疑代）	どの、どれ
⑫	国	guó	（名）	国　※"哪国人 nǎ(něi)guórén"どの国の人
⑬	日本	Rìběn	（固）	日本
⑭	姓	xìng	（動／名）	姓を〜という／姓、名字

ポイント1

1 人称代名詞

人称	単数			複数		
一人称	我	wǒ	わたし	我们 咱们	wǒmen zánmen	私たち （聞き手も含めた）私たち
二人称	你 您	nǐ nín	あなた （敬称）	你们	nǐmen	あなたたち　※"您们"とは言わない
三人称	他 她	tā tā	彼 彼女	他们 她们	tāmen tāmen	彼ら 彼女たち

2 動詞述語文　主語＋動詞（＋目的語）

① 我 是 日本人。
　Wǒ shì Rìběnrén.

② 他 姓 山本。
　Tā xìng Shānběn.

③ 他们 是 留学生。
　Tāmen shì liúxuéshēng.

④ 我们 是 大学生。
　Wǒmen shì dàxuéshēng.

留学生：留学生
大学生：大学生

練習　次の日本語を中国語に訳しましょう。

1　彼は日本人です。

2　（あなたは）どこの国の人ですか。

3　彼らは中国人です。

3 "吗"を用いる疑問文　"〜吗？"　「〜ですか、〜ますか」

"吗"を文末につけ、「〜ですか、〜ますか」とたずねる。疑問文の文末には疑問符「？」を付ける。

① 你 是 韩国人 吗？
　Nǐ shì Hánguórén ma?

② 她 姓 李 吗？
　Tā xìng Lǐ ma?

③ 你们 是 大学生 吗？
　Nǐmen shì dàxuéshēng ma?

④ 他们 是 美国人 吗？
　Tāmen shì Měiguórén ma?

韩国：韓国
美国：アメリカ

練習　次の語を並べ替えて、文を作りましょう。

1　吗 ／ 姓 ／ 他 ／ 山本 ／ ？

2　是 ／ 中国人 ／ 吗 ／ 他们 ／ ？

3　日本人 ／ 你们 ／ 吗 ／ 是 ／ ？

★ 疑問詞疑問文"你是哪国人？"

疑問詞を使った疑問文は文末に"吗"を付けない。（第三課を参照）

課文 2

山本： 您 贵姓?
Shānběn: Nín guìxìng?

李： 我 姓 李, 叫 李 燕。 你 叫 什么 名字?
Lǐ: Wǒ xìng Lǐ, jiào Lǐ Yàn. Nǐ jiào shénme míngzi?

山本： 我 叫 山本 翼。 您 是 老师 吗?
Shānběn: Wǒ jiào Shānběn Yì. Nín shì lǎoshī ma?

李： 我 不 是 老师, 是 学生。 你 呢?
Lǐ: Wǒ bú shì lǎoshī, shì xuéshēng. Nǐ ne?

山本： 我 也 是 学生。
Shānběn: Wǒ yě shì xuéshēng.

新出語句

①	贵姓	guìxìng	(名)	お名前（姓を尋ねる時に使う）
②	叫	jiào	(動)	名前を～という、～と呼ぶ
③	什么	shénme	(疑代)	何、どんな
④	名字	míngzi	(名)	名前、フルネーム
⑤	老师	lǎoshī	(名)	先生
⑥	不	bù	(副)	～でない、～しない（否定を表す）
⑦	学生	xuéshēng/xuésheng	(名)	学生
⑧	呢	ne	(助)	～は？
⑨	也	yě	(副)	～も、また

ポイント 2

1 副詞 "不"　"不"＋動詞/形容詞　「～でない、～しない」

第4声の前では"不 bù"を"不 bú"に変える（第1課参照）。

① 我 不 是 老师。
　Wǒ bú shì lǎoshī.

② 我们 不 是 中国人。
　Wǒmen bú shì Zhōngguórén.

③ 她 不 叫 李 燕。
　Tā bú jiào Lǐ Yàn.

④ 他 不 姓 山本。
　Tā bú xìng Shānběn.

練習　次の質問に否定で答えましょう。

1　他是学生吗？

2　她们是日本人吗？

3　你姓李吗？

2 副詞 "也"「～も」と "都"「みな」　"也 / 都"＋動詞/形容詞

① 你 是 学生，我 也 是 学生。
　Nǐ shì xuéshēng, wǒ yě shì xuéshēng.

② 我们 都 是 日本人。
　Wǒmen dōu shì Rìběnrén.

都：いずれも、みな

"也"＋"不"「～も～ではない」　　"都"＋"不"「みな～ではない」

③ 我 不 是 老师，他 也 不 是 老师。
　Wǒ bú shì lǎoshī, tā yě bú shì lǎoshī.

④ 他们 都 不 是 韩国人。
　Tāmen dōu bú shì Hánguórén.

★ "～呢？"「～は？」

① 我 是 日本人，你 呢？
　Wǒ shì Rìběnrén, nǐ ne?

② 我们 不 是 留学生，你们 呢？
　Wǒmen bú shì liúxuéshēng, nǐmen ne?

練習　次の日本語を中国語に訳しましょう。

1　A：彼女は学生ですが、あなたは？
　　B：私も学生です。

2　A：彼は中国人ですか。
　　B：彼は中国人ではなく、韓国人です。

3　A：あなたたちはみな日本人ですか。
　　B：いいえ、彼は日本人ですが、私は中国人です。

総合練習

一、発音練習と聞き取り

発音を練習しましょう。　　　　　　　　　　　　　　　　　　V 2-⑤
1 xuéshēng　学生　　2 guìxìng　貴姓　　3 Rìběn　日本

聞き取ってピンインを完成しましょう。　　　　　　　　　　　V 2-⑥
1 sh___me　　　　2 l___shī　　　　3 ___íng___i
　什么　　　　　　　老师　　　　　　名字

二、下線部を入れ換えて、練習しましょう。

1　A：请问，你是哪国人？
　　　Qǐngwèn, nǐ shì nǎ guó rén?

　　B：我是美国人。
　　　Wǒ shì Měiguórén.　　　★日本人／大学生
　　　　　　　　　　　　　　　　Rìběnrén　dàxuéshēng

　　A：你是公司职员吗？
　　　Nǐ shì gōngsī zhíyuán ma?　★中国人／留学生
　　　　　　　　　　　　　　　　Zhōngguórén liúxuéshēng
　　B：不，我是老师。
　　　Bù, wǒ shì lǎoshī.

公司：会社
职员：職員、事務職員
公司职员：会社員

2　A：请问，您贵姓？
　　　Qǐngwèn, nín guìxìng?

　　B：我姓李。您贵姓？
　　　Wǒ xìng Lǐ. Nín guìxìng?

　　A：我姓山本，叫山本翼。
　　　Wǒ xìng Shānběn, jiào Shānběn Yì.

　　B：我叫李燕。
　　　Wǒ jiào Lǐ Yàn.

三、録音を聞いて、適切な答えを①〜③から選びましょう。　　V 2-⑦

1　① 日本人　　② 中国人　　③ 韩国人
2　① 铃木　　　② 李　　　　③ 山本

四、次の質問を中国語に訳し、答えましょう。

1　お尋ねしますが、李先生ですか。
　　问_____　答_____

2　山本と申します。お名前は？
　　问_____　答_____

3　私は学生ですが、あなたも学生ですか。
　　问_____　答_____

4　彼らは全員留学生ですか。
　　问_____　答_____

五、文章を読んで、作文してみましょう。

1　次の文章を読んでみましょう。

你们好！我姓佐藤，叫佐藤翼。我是日本人，是学生。

Nǐmen hǎo! Wǒ xìng Zuǒténg, jiào Zuǒténg Yì. Wǒ shì Rìběnrén, shì xuéshēng.

佐藤：佐藤（姓）

2　自分の名字、フルネーム、国籍および身分を紹介してみましょう。

_____
_____
_____
_____

コラム　挨拶と呼びかけ

一、"你好"を使う場面

"你好"は初対面の場面ではよく使われますが、普段よく会う人や親しい人に対してはあまり使いません。相手の名前や身分などで呼びかけることが多いです。

例えば、フルネームで呼ぶ："李燕！"

名字を使って呼ぶ："小李！"、"老李！"

職業や身分を使って呼ぶ："王老师"、"陈教授(Chén jiàoshòu)"

※名字を使って呼ぶ場合、自分と同年代か若い人に対しては、"小(xiǎo)＋姓"、年配の人に対しては"老(lǎo)＋姓"という呼び方があります。

二、中国語で読んでみましょう。

中国で多い姓を読んでみましょう。

王	李	张(張)	刘(劉)	陈(陳)	杨(楊)	赵(趙)	黄	周	吴(吳)
Wáng	Lǐ	Zhāng	Liú	Chén	Yáng	Zhào	Huáng	Zhōu	Wú

日本で多い姓を読んでみましょう。

佐藤	山本	铃木(鈴木)	中村	高桥(高橋)	田中	加藤
Zuǒténg	Shānběn	Língmù	Zhōngcūn	Gāoqiáo	Tiánzhōng	Jiāténg

三、家族の呼び方

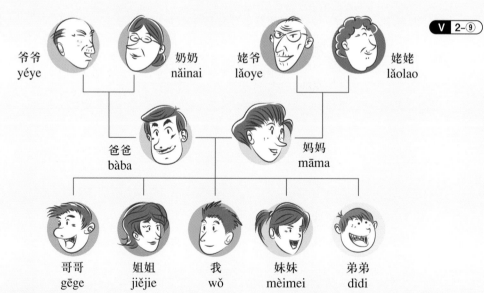

★家族構成の聞き方、答え方★

问：你家有几口人？
　　Nǐ jiā yǒu jǐ kǒu rén?
　　（あなたの家は何人家族ですか。）

答：我家有五口人。
　　Wǒ jiā yǒu wǔ kǒu rén.
　　（うちは5人家族です。）

问：都有什么人？
　　Dōu yǒu shénme rén?
　　（どういう人がいますか。＊家族構成）

答：爸爸、妈妈、两个弟弟和我。
　　Bàba, māma, liǎng ge dìdi hé wǒ.
　　（父・母・2人の弟と私です。）

第三課

你是哪个学院的?

学習目標

- 友達を紹介できる。
- 学年 / 専攻を尋ね、答えることができる。
- 物事の場所を尋ね、答えることができる。

課文 1

山本： 铃木！ 好久 不见。
Shānběn: Língmù! Hǎojiǔ bú jiàn.

铃木大地： 好久 不见。
Língmù Dàdì: Hǎojiǔ bú jiàn.

最近 好 吗？
Zuìjìn hǎo ma?

山本： 还行。 介绍 一下， 这 是 我 朋友， 叫 李 燕。
Shānběn: Hái xíng. Jièshào yíxià, zhè shì wǒ péngyou, jiào Lǐ Yàn.

李： 你 好！ 认识 你 很 高兴。
Lǐ: Nǐ hǎo! Rènshi nǐ hěn gāoxìng.

铃木： 我 叫 铃木 大地， 认识 你 我 也 很 高兴。
Língmù: Wǒ jiào Língmù Dàdì, Rènshi nǐ wǒ yě hěn gāoxìng.

新出語句

①	好久不见	hǎojiǔ bú jiàn		お久しぶりです。「好久没见 hǎojiǔ méi jiàn」ともいう。
②	最近	zuìjìn	（名）	最近
③	还行	hái xíng		まあまあだ
④	介绍	jièshào	（動）	紹介する
⑤	一下	yíxià		ちょっと〜する（動作）
⑥	这	zhè	（代）	これ、この
⑦	的	de	（助）	〜の
⑧	朋友	péngyou	（名）	友達
⑨	认识	rènshi	（動）	知り合う
⑩	很	hěn	（副）	とても
⑪	高兴	gāoxìng	（形）	うれしい

ポイント 1

1 指示代名詞

これ、この	それ、その	あれ、あの	どれ、どの
这 zhè	那 nà		哪 nǎ
这个 zhège/zhèige	那个 nàge/nèige		哪个 nǎge/něige

"这、那、哪"は目的語として使用できない。

课本：教科書　　汉语：中国語
学校：学校　　外语学院：外国語学部
英语：英語

2 助詞 "的"(1)　"〜的"+名詞　「〜の（…）」

「〜の（…）」という場合、"的"を使う。

① 这 是 我 的 课本。
　　Zhè shì wǒ de kèběn.

② 李 燕 是 山本 的 朋友。
　　Lǐ Yàn shì Shānběn de péngyou.

人称代名詞＋人間関係・親族や所属機関などの場合、"的"を省略できる。

我（的）朋友　　　　　她（的）爸爸　　　　　我们（的）学校
wǒ (de) péngyou　　　tā (de) bàba　　　　wǒmen (de) xuéxiào

熟語化した組み合わせではそのまま名詞＋名詞で使える。

英语 课本 Yīngyǔ kèběn　　汉语 老师 Hànyǔ lǎoshī　　日本 学生 Rìběn xuéshēng

"的"の後の名詞が文脈から推測できる場合は省略されることが多い。

③ 我 是 外语学院 的（学生）。
　　Wǒ shì wàiyǔ xuéyuàn de (xuésheng).

練習　下線部を中国語に訳してみましょう。

1　彼女は鈴木さんの友達ではありません。　　她不是＿＿＿＿＿＿＿＿＿＿

2　彼は中国人留学生です。　　他是＿＿＿＿＿＿＿＿＿＿

3　私たちの先生は日本人です。　　＿＿＿＿＿＿＿＿＿＿是日本人。

3 形容詞述語文　　主語＋（副詞）＋形容詞

肯定文では、形容詞の前に程度副詞が必要。"是"は使わない。否定は"不"を用いる。

① 他 很 高兴　　② 他 非常 高兴。　　③ 他 不 高兴。　　④ 他 高兴 吗?
　Tā hěn gāoxìng.　　Tā fēicháng gāoxìng.　　Tā bù gāoxìng.　　Tā gāoxìng ma?

程度副詞がないと、比較や対比の意味が生じる。

⑤ 这个 大，那个 小。　　⑥ 汉语 容易，英语 难。
　Zhèige dà, nèige xiǎo.　　Hànyǔ róngyì, Yīngyǔ nán.

非常：とても	多：多い
大：大きい	少：少ない
小：小さい	贵：(値が) 高い
容易：簡単だ	便宜：安い
难：難しい	

常用形容詞の例

多 duō ー 少 shǎo　　　貴 guì ー 便宜 piányi

練習　次の日本語を中国語に訳しましょう。

1　中国語は難しいですか。

2　私たちの学校は大きいです。

3　留学生は多くないです。

3

你是哪个学院的？

課文 2

铃木： 你 是 几 年级 的 学生？
Língmù： Nǐ shì jǐ niánjí de xuésheng?

李： 我 是 二 年级 的 学生。 你 是 哪个 学院 的？
Lǐ： Wǒ shì èr niánjí de xuésheng. Nǐ shì něige xuéyuàn de?

铃木： 我 是 外语 学院 的， 学习 法语。 你 呢？
Língmù： Wǒ shì wàiyǔ xuéyuàn de, xuéxí Fǎyǔ. Nǐ ne?

李： 我 是 经济 学院 的。
Lǐ： Wǒ shì jīngjì xuéyuàn de.

我 的 专业 是 经营学。
Wǒ de zhuānyè shì jīngyíngxué.

铃木： 你们 学院 在 哪儿？
Língmù： Nǐmen xuéyuàn zài nǎr?

李： 在 二 号 楼。
Lǐ： Zài èr hào lóu.

新出語句

①	几	jǐ	（疑代）	いくつ
②	年级	niánjí	（名）	学年
③	学院	xuéyuàn	（名）	学部
④	外语	wàiyǔ	（名）	外国語
⑤	学习	xuéxí	（動・名）	勉強する・勉強
⑥	法语	Fǎyǔ	（名）	フランス語
⑦	经济学院	jīngjì xuéyuàn		経済学部
⑧	专业	zhuānyè	（名）	専攻
⑨	经营学	jīngyíngxué	（名）	経営学
⑩	在	zài	（動）	いる / ある、所在を表す
⑪	哪儿	nǎr	（疑代）	どこ
⑫	号	hào	（量）	〜号、〜番
⑬	楼	lóu	（名／量）	ビル／〜階

ポイント2

1 疑問詞疑問文

どれ、どの	どこ	何、何の	だれ	いくつ
哪个	哪儿／哪里	什么	谁	几
năge/něige	năr/năli	shénme	shéi/shuí	jǐ

肯定文の聞きたい部分を疑問詞に置き換える。文末に"吗"は付けない。

① 他 是 哪个 学院 的 学生？ ― 他 是 外语 学院 的 学生。
　 Tā shì něige xuéyuàn de xuéshēng?　　Tā shì wàiyǔ xuéyuàn de xuéshēng.

② 你们 去 哪儿？ ― 我们 去 学校。
　 Nǐmen qù nǎr?　　Wǒmen qù xuéxiào.

去：行く

③ 你 学习 什么？ ― 我 学习 经济。
　 Nǐ xuéxí shénme?　　Wǒ xuéxí jīngjì.

④ 他 是 谁？ ― 他 是 我们 老师。
　 Tā shì shéi?　　Tā shì wǒmen lǎoshī.

練習 次の語を並べ替えて、文を作りましょう。

1　李燕／学生／的／是／哪个／学院／？
2　哪儿／你们／去／？
3　学习／他／什么／？
4　是／谁／朋友／你／？

2 「所在」を表す"在"「～は…にいる／ある」

（特定の）人・もの＋"在"＋場所を表す語

① 他 在 哪儿？ ― 他 在 学校。
　 Tā zài nǎr?　　Tā zài xuéxiào.

② 经济 学院 在 哪儿？ ― 经济 学院 在 一 号 楼。
　 Jīngjì xuéyuàn zài nǎr?　　Jīngjì xuéyuàn zài yī hào lóu.

否定は"不在"を使う 「～は…にいない／ない」

③ 山本 在 学校 吗？ ― 他 不 在 学校。
　 Shānběn zài xuéxiào ma?　　Tā bú zài xuéxiào.

練習 次の日本語を中国語に訳しましょう。

1　A：あなたはどこにいますか。
　　B：私は学校にいます。
2　A：外国語学部は一号館にありますか。
　　B：一号館ではなく、二号館にあります。

総合練習

一、発音練習と聞き取り

発音を練習しましょう。

1 péngyou　朋友　　2 gāoxìng　高兴　　3 xuéxí　学习

聞き取ってピンインを完成しましょう。

1 hái ___íng　　　2 rèn___i　　　3 nián ___í
　还行　　　　　　　认识　　　　　　年级

二、下線部を入れ換えて、練習しましょう。

1　A：<u>铃木</u>，好久不见！
　　　<u>Língmù</u>, hǎojiǔ bú jiàn!

　　B：<u>山本</u>，好久不见！最近好吗？
　　　<u>Shānběn</u>, hǎojiǔ bú jiàn! Zuìjìn hǎo ma?

　　A：很好，你呢？
　　　Hěn hǎo, nǐ ne ?

　　B：还行。
　　　Hái xíng.

2　A：你是哪个学院的学生？
　　　Nǐ shì nǎge xuéyuàn de xuéshēng.

　　B：我是<u>外语</u>学院的学生。
　　　Wǒ shì <u>wàiyǔ</u> xuéyuàn de xuéshēng.

　　A：你的专业是什么？
　　　Nǐ de zhuānyè shì shénme?

　　B：我的专业是<u>英语</u>。
　　　Wǒ de zhuānyè shì <u>Yīngyǔ</u>.

文学、综合人类科学、经济学、理工学
wénxué, zōnghé rénlèi kēxué, jīngjìxué, lǐgōngxué

三、録音を聞いて、適切な答えを①～③から選びましょう。

1　① 一号楼　　② 四号楼　　③ 十号楼
2　① 外语学院　② 经济学院　③ 理工学院

四、次の質問を中国語に訳し、答えましょう。

1　あなたと知り合えてうれしいです。

　　问 _____　答 _____

2　あなたは何年生（何学年の学生）ですか。

　　问 _____　答 _____

3　あなたは何を勉強しますか。

　　问 _____　答 _____

4　韓国人留学生は多いですか。

　　问 _____　答 _____

五、以下の会話文を完成し、クラスメートと練習しましょう。

1　A：你是_____大学的学生？
　　B：我是_____大学的学生。
　　A：你们大学_____？
　　B：我们大学在_____。

大学 dàxué：大学
东京 Dōngjīng：東京

2　A：你学习_____？
　　B：我学习_____。
　　A：_____难吗？
　　B：不难，很_____。

六、文章を読んで、作文してみましょう。

1　　你好！我是北京大学外语学院一年级的学生。我的专业是英语。认识你很高兴。

　　Nǐ hǎo! Wǒ shì Běijīng dàxué wàiyǔ xuéyuàn yī niánjí de xuéshēng. Wǒ de zhuānyè shì Yīngyǔ. Rènshi nǐ hěn gāoxìng.

北京 Běijīng：北京

2　自分の学校、学部、学年、専攻を紹介する文を作りましょう。

_____
_____

出身地

一、出身地の聞き方

出身地を聞くには、"你是哪儿的人？"と言います。また、"你是哪里人？"とも言います。

你 是 哪儿（的）人？　　— 　我 是 北京人。
Nǐ shì nǎr (de) rén?　　　　　Wǒ shì Běijīngrén.

他 是 哪里 人？　　　　— 　他 是 东京人。
Tā shì nǎli rén?　　　　　　　Tā shì Dōngjīngrén.

二、以下の地名を参照し、出身地を聞いてみましょう。

北海道	Běihǎidào	三重	Sānchóng
青森	Qīngsēn	京都	Jīngdū
秋田	Qiūtián	奈良	Nàiliáng
岩手	Yánshǒu	大阪	Dàbǎn
山形	Shānxíng	和歌山	Hégēshān
宫城	Gōngchéng	兵库	Bīngkù
福岛	Fúdǎo	鸟取	Niǎoqǔ
茨城	Cíchéng	冈山	Gāngshān
千叶	Qiānyè	岛根	Dǎogēn
栃木	Lìmù	广岛	Guǎngdǎo
群马	Qúnmǎ	山口	Shānkǒu
埼玉	Qíyù	香川	Xiāngchuān
东京	Dōngjīng	德岛	Dédǎo
神奈川	Shénnàichuān	高知	Gāozhī
山梨	Shānlí	爱媛	Àiyuán
新潟	Xīnxì	福冈	Fúgāng
长野	Chángyě	大分	Dàfēn
静冈	Jìnggāng	宫崎	Gōngqí
富山	Fùshān	熊本	Xióngběn
岐阜	Qífù	佐贺	Zuǒhè
爱知	Àizhī	长崎	Chángqí
石川	Shíchuān	鹿儿岛	Lù'érdǎo
福井	Fújǐng	冲绳	Chōngshéng
滋贺	Zīhè		

第二、三課　応用練習

一、音声を聞いて、ピンインと簡体字を書き取りましょう。

1 _____　2 _____　3 _____　4 _____　5 _____

6 _____　7 _____　8 _____　9 _____　10 _____

二、音声を聞いて、ピンインと簡体字を書き取りましょう。

1 _____

2 _____

3 _____

4 _____

三、次の日本語を中国語に訳しましょう。

1　こんにちは、私は中国人です。お尋ねしますが、あなたはどの国の人ですか。

2　私（の名字）は鈴木、鈴木大地と言います。あなたの名前は何と言いますか。

3　私はアメリカ人です。彼もアメリカ人です。私たちはみなアメリカ人です。

4　これは私の教科書です。あなたの教科書は？

5　私はフランス語を勉強します。フランス語は難しくないです。あなたは何を勉強しますか。

6　私たちの学部は五号棟にあります。あなたたちの学部はどこにありますか。

読解

一、自分と友達について紹介してみましょう。

你们 好！ 我 是 日本人。 我 姓 山本， 叫 山本 翼。 我 是 日中
Nǐmen hǎo! Wǒ shì Rìběnrén. Wǒ xìng Shānběn, jiào Shānběn Yì. Wǒ shì Rìzhōng
大学 外语 学院 的 学生， 我 学习 汉语。 李 燕 是 我 的 中国 朋友。
dàxué wàiyǔ xuéyuàn de xuésheng, wǒ xuéxí Hànyǔ. Lǐ Yàn shì wǒ de Zhōngguó péngyou.
她 是 经济 学院 二 年级 的 学生。 她 的 专业 是 经营学。 外语 学院
Tā shì jīngjì xuéyuàn èr niánjí de xuésheng. Tā de zhuānyè shì jīngyíngxué. Wàiyǔ xuéyuàn
在 二 号 楼， 经济 学院 也 在 二 号 楼。
zài èr hào lóu, jīngjì xuéyuàn yě zài èr hào lóu.

_____

_____

_____

二、学部と専攻名を話してみましょう。

学部		専攻	
文学院	wénxuéyuàn	哲学专业	zhéxué zhuānyè
		历史学专业	lìshǐxué zhuānyè
		新闻学专业	xīnwénxué zhuānyè
综合人类科学院	zōnghé rénlèi kē xuéyuàn	教育学专业	jiàoyùxué zhuānyè
		心理学专业	xīnlǐxué zhuānyè
		社会学专业	shèhuìxué zhuānyè
法学院	fǎ xuéyuàn	法律专业	fǎlǜ zhuānyè
经济学院	jīngjì xuéyuàn	经营学专业	jīngyíngxué zhuānyè
外语学院	wàiyǔ xuéyuàn	英语专业	Yīngyǔ zhuānyè
		德语专业	Déyǔ zhuānyè
		法语专业	Fǎyǔ zhuānyè
		西班牙语专业	Xībānyáyǔ zhuānyè
理工学院	lǐgōng xuéyuàn	信息与传媒专业	xìnxī yǔ chuánméi zhuānyè

自分の専攻を書いてみましょう。 _____

第四課

你想吃什么？

学習目標

- 相手を誘うことができる。
- 食べたい物を尋ね、答えることができる。
- 味覚を表現できる。

課文 1

铃木： 李 燕，咱们 去 吃 饭 吧！
Língmù: Lǐ Yàn, zánmen qù chī fàn ba!

李： 好。 去 哪儿 吃？
Lǐ: Hǎo. Qù nǎr chī?

铃木： 去 学生 食堂 吧。
Língmù: Qù xuéshēng shítáng ba.

李： 去 几 号 楼 的？
Lǐ: Qù jǐ hào lóu de?

铃木： 二 号 楼 的 食堂 怎么样？ 又 好吃 又 便宜。
Língmù: Èr hào Lóu de shítáng zěnmeyàng? Yòu hǎochī yòu piányi.

李： 行，那 咱们 走 吧。
Lǐ: Xíng, nà zánmen zǒu ba.

新出語句

①	吃	chī	（動）	食べる
②	饭	fàn	（名）	ごはん、食事 ※吃饭 chī fàn　ごはんを食べる、食事をする
③	吧	ba	（助）	～しよう、～なさい、～したら
④	好	hǎo	（形）	（承諾の返事として使い）わかった、OK
⑤	食堂	shítáng	（名）	食堂
⑥	怎么样	zěnmeyàng	（疑）	いかがですか？
⑦	又～又…	yòu~yòu...		～でまた…だ
⑧	好吃	hǎochī	（形）	おいしい
⑨	便宜	piányi	（形）	安い　（第三課既出）
⑩	行	xíng	（形）	よろしい
⑪	那	nà	（接）	それでは
⑫	走	zǒu	（動）	行く、立ち去る、歩く

ポイント1

1 連動文：動詞1＋目的語1＋動詞2＋目的語2 「～して…する」

"来／去"＋場所＋動詞（＋目的語）で「どこに来て／行って～する」という意味を表す。

① 他们 来（日本）旅游。
　　Tāmen lái (Rìběn) lǚyóu.

② 我 去（便利店）买 三明治。
　　Wǒ qù (biànlìdiàn) mǎi sānmíngzhì.

※場所を言わずに"来／去"を次の動詞の前に直接置いてもよい。

前半の動詞句で後半の手段や方法を表すことができる。

③ 我 每天 坐 地铁 去 学校。
　　Wǒ měitiān zuò dìtiě qù xuéxiào.

④ 我 听 录音 学习 汉语。
　　Wǒ tīng lùyīn xuéxí Hànyǔ.

> 来：来る　旅游：旅行する　便利店：コンビニ　买：買う　三明治：サンドイッチ　每天：毎日
> 坐：乗る、座る　地铁：地下鉄　听：聞く　录音：録音　公交车 gōngjiāochē：バス

練習 日本語に合わせて並べ替えましょう。

1 私はバスに乗って学校へ行く。
　（我／公交车／学校／去／坐／。）

2 彼らはみな中国へ中国語を学びに行く。
　（他们／中国／汉语／学习／去／都／。）

3 君も旅行（し）に行くの？
　（你／旅游／也／去／吗／？）

4 君はどこへ旅行（し）に行くの？
　（你／旅游／哪儿／去／？）

2 勧誘や命令を表す文に用いる語気助詞"吧"：～"吧"。 「～しよう／～しなさい」

① 咱们 一起 去 旅游 吧！
　　Zánmen yìqǐ qù lǚyóu ba!

② 我们 学习 汉语 吧。
　　Wǒmen xuéxí Hànyǔ ba.

③ 你 也 来 吧！
　　Nǐ yě lái ba!

④ 你 坐 公交车 去 吧。
　　Nǐ zuò gōngjiāochē qù ba.

> 一起：一緒に

練習 次の日本語を中国語に訳しましょう。

1 君たち地下鉄で行きなさい。

2 （私たち）一緒にコンビニに行こう。

3 君も食堂に食べに行ったら。

★ "又～又～"：「～でまた～だ」

① 三明治 又 好吃 又 便宜。
　　Sānmíngzhì yòu hǎochī yòu piányi.

② 这个 又 贵 又 不 好吃。
　　Zhèige yòu guì yòu bù hǎochī.

課文 2

铃木: 你 想 吃 什么? 咖喱饭、拉面、意大利面……
Língmù: Nǐ xiǎng chī shénme? Gālífàn, lāmiàn, yìdàlìmiàn......

李: 我 想 吃 咖喱饭。
Lǐ: Wǒ xiǎng chī gālífàn.

这儿 的 咖喱饭 辣 不 辣?
Zhèr de gālífàn là bu là?

铃木: 不 太 辣。非常 好吃。你 一定 要 尝尝。
Língmù: Bú tài là. Fēicháng hǎochī. Nǐ yídìng yào chángchang.

李: 好。那 我 吃 咖喱饭。你 呢?
Lǐ: Hǎo. Nà wǒ chī gālífàn. Nǐ ne?

铃木: 我 吃 意大利面。你 要 喝 茶 吗? 我 去 拿。
Língmù: Wǒ chī yìdàlìmiàn. Nǐ yào hē chá ma? Wǒ qù ná.

李: 好 的,谢谢。
Lǐ: Hǎo de, xièxie.

新出語句

①	想	xiǎng	(助動)	〜したい
②	咖喱饭	gālífàn	(名)	カレーライス
③	拉面	lāmiàn	(名)	ラーメン
④	意大利面	yìdàlìmiàn	(名)	パスタ、スパゲッティ
⑤	这儿	zhèr	(代)	ここ、そこ
⑥	辣	là	(形)	辛い
⑦	不太	bú tài		あまり〜でない
⑧	一定	yídìng	(副詞)	きっと、必ず、ぜひ
⑨	要	yào	(助動)	〜したい、〜するつもりだ、〜しなくてはならない
⑩	尝	cháng	(動)	味わう
⑪	尝尝	chángchang		食べてみる
⑫	喝	hē	(動)	飲む
⑬	茶	chá	(名)	お茶
⑭	拿	ná	(動)	(手に) 取る、持つ
⑮	好的	hǎo de		(承諾の返事として使い) OK、わかった ※"的"は断定の語気を表す

ポイント 2

1 助動詞 "想" と助動詞 "要"

a．願望や意志を表す "想" と "要"：「〜したい」

助動詞 "想／要" ＋動詞（＋目的語）　※否定「〜したくない」："不想" ＋動詞（＋目的語）
　　　　　　　　　　　　　　　　　※ "要" は "想" より強い意志を表す

① 我 想／要 吃 面包。
　 Wǒ xiǎng / yào chī miànbāo.

② 我 想／要 去 中国 旅游。
　 Wǒ xiǎng / yào qù Zhōngguó lǚyóu.

③ 他 不 想 喝 咖啡。
　 Tā bù xiǎng hē kāfēi.

④ 你 想 喝 什么？
　 Nǐ xiǎng hē shénme?

面包：パン
咖啡：コーヒー

b．必要や義務を表す "要"：「〜しなくてはならない」

助動詞 "要" ＋動詞（＋目的語）　※否定「〜しなくてよい」："不用" ＋動詞（＋目的語）

⑤ 你 一定 要 来。
　 Nǐ yídìng yào lái.

⑥ 你 不用 去 买 东西。
　 Nǐ búyòng qù mǎi dōngxi.

※ "不要" は「〜するな」という禁止の表現で使う。

不用：〜する必要ない
东西：もの、品

練習　日本語に合わせて下線部を埋めましょう。

1　あなたもカレーを食べたいですか。　　　　你_____ _____吃咖喱饭吗？

2　私は地下鉄で行きたくない。　　　　　　　我不_____ _____地铁去。

3　私は必ずレポートを書かなくてはならない。　我_____ 要写_____ 。

4　彼は学校に行く必要がない。　　　　　　　他_____ 去 学校。

写 xiě：書く
报告 bàogào：レポート

2 反復疑問文　「肯定＋否定」？

※文末には "吗" をつけない。

① 咖喱饭 辣 不 辣？
　 Gālífàn là bu là?

② 你 去 不 去 北京？
　 Nǐ qù bu qù Běijīng?

③ 你 想 不 想 喝 红茶？
　 Nǐ xiǎng bu xiǎng hē hóngchá?

④ 他 是 不 是 英语 老师？
　 Tā shì bu shì Yīngyǔ lǎoshī?

红茶：紅茶
今天：今日
热：暑い、熱い

※助動詞がある場合は助動詞を「肯定＋否定」の形にする。
※反復疑問文では普通 "也、都" を使わない。　×你也去不去北京？

練習　例にならって 2 種類の疑問文を作りましょう。

例題　今天 很 热。→　① 今天 热 吗？　　② 今天 热 不 热？
　　　Jīntiān hěn rè.　　 Jīntiān rè ma?　　　Jīntiān rè bu rè?

1　法语很难。　　　①_____　②_____

2　我吃面包。　　　①_____　②_____

3　他是学生。　　　①_____　②_____

4　我想吃意大利面。①_____　②_____

4　你想吃什么？

総合練習

一、発音練習と聞き取り

発音を練習しましょう。

1 shítáng　食堂　　　2 zěnmeyàng　怎么样　　　3 chángchang　尝尝

聞き取ってピンインを完成しましょう。

1 h___ch___　　　2 h___ch___　　　3 y___d___
　好吃　　　　　　　　喝茶　　　　　　　　一定

二、下線部を入れ換えて、練習しましょう。

1　A：咱们去吃饭吧。
　　　Zánmen qù chī fàn ba.

　　B：好。你想吃什么?
　　　Hǎo. Nǐ xiǎng chī shénme?

　　A：我想吃意大利面。你呢?
　　　Wǒ xiǎng chī yìdàlìmiàn. Nǐ ne?

　　B：我想吃咖喱饭。
　　　Wǒ xiǎng chī gālífàn.

★寿司／三明治／拉面
　shòusī　sānmíngzhì　lāmiàn

2　A：这个点心的味道怎么样?
　　　Zhèige diǎnxin de wèidao zěnmeyàng?

　　B：很好吃。
　　　Hěn hǎochī.

　　A：甜不甜?
　　　Tián bu tián?

　　B：不太甜。
　　　Bú tài tián.

★麻婆豆腐　辣
　mápó dòufu　là

寿司：寿司
点心：菓子、軽食
味道：味
甜：甘い
麻婆豆腐：マーボー豆腐

三、録音を聞いて、適切な答えを①〜③から選びましょう。

1　① 点心　　② 寿司　　③ 拉面
2　① 很辣　　② 不辣　　③ 不太辣

四、次の質問を中国語に訳し、答えましょう。

1 一緒に旅行に行きましょう。どこへ行きたいですか。

　問　_____　答　_____

2 食堂のカレーライスは辛いですか。（反復疑問文で）

　問　_____　答　_____

3 あなたは毎日バスで学校に来ますか。

　問　_____　答　_____

4 あなたは今日学校に行く必要がありますか。

　問　_____　答（否定で）_____

五、以下の会話文を完成し、クラスメートと練習しましょう。

1　A：你想去_____吃饭？
　　B：我想去_____吃饭，你呢？
　　A：我想去_____买_____。
　　B：那回头见！

> 回头见 huítóu jiàn：また後で

2　A：_____难不难？
　　B：很难。
　　A：你们老师是不是_____人？
　　B：_____

六、文章を読んで、作文してみましょう。

1　李燕和铃木去食堂吃饭。李燕想吃咖喱饭。咖喱饭不太辣，很好吃。
　　Lǐ Yàn hé Língmù qù shítáng chī fàn. Lǐ Yàn xiǎng chī gālífàn. Gālífàn bú tài là, hěn hǎochī.

> 和：〜と…

2　あなたはどこへ何を食べに行きたいですか。

_____
_____
_____

你想吃什么？

コラム 中国料理とマナー

中国料理

　中国料理と聞いて、どんな料理を思い浮かべるでしょうか。実はひと口に中国料理と言っても多種多様で、地方ごとに特色が異なり、大きくは山東料理・江蘇料理・浙江料理・安徽料理・福建料理・広東料理・湖南料理・四川料理の八大料理に分類されます。日本でよく知られているのは四川料理と広東料理でしょうか。

　また、北京烤鸭 Běijīng kǎoyā（北京ダック）・饺子 jiǎozi（ギョーザ）・麻婆豆腐 mápó dòufu（マーボー豆腐）・担担面 dàndanmiàn（坦々麺）・小笼包 xiǎolóngbāo（ショーロンポー）・鱼翅羹 yúchìgēng（フカヒレスープ）・春卷 chūnjuǎn（春巻）といった料理を、一度は食べたことがある方も多いでしょう。

　さて、お好みの中国料理は何ですか。

　你 喜欢 吃 什么 菜？（どんな料理が好きですか？）
　Nǐ xǐhuan chī shénme cài?

　你 喜欢 吃 川菜，还是 喜欢 吃 粤菜？（四川料理が好き、それとも広東料理が好き？）
　Nǐ xǐhuan chī Chuāncài, háishi xǐhuan chī Yuècài?

　味道 怎么样？（お味はいかが？）　挺 好吃／好喝 的。（なかなかおいしいです。）
　Wèidao zěnmeyàng?　　　　　　　Tǐng hǎochī/hǎohē de.

　有点儿 酸／甜／苦／辣／咸。（どうもちょっと 酸っぱい／甘い／苦い／辛い／塩辛い です。）
　Yǒudiǎnr suān/tián/kǔ/là/xián.

マナー

　中華料理では、円卓と回転テーブルがよく使われます。全員の顔が見られコミュニケーションを取りやすいのでわいわい楽しく食事ができ、更に「回し台」付の回転テーブルには取り分けしやすい利便性もあります。目上の人、年上の人を敬うのが中国のマナーに共通するところで、目上の人から取りはじめ、時計回りに順番に、必ず席に座って取っていきます。箸の置き方は日本とは違い、縦に並べるのがマナーです。また、お茶碗以外は基本的に食器を持ち上げて食べる習慣はありません。

水餃子　　　　　　　　　　　　　北京ダック　　　ショーロンポー

初級者には詳しいのにやさしいと評判です!!

元NHKテレビ・ラジオ講座講師
相原茂〈編〉

中国語学習じめての
新装版

見出し語数もちょうどよく「使いこなせる辞典」

新編版
はじめての
中国語学習辞典
Hanyu Xuexi Cidian
Asahi Chinese-Japanese Dictionary
相原茂 編著

オススメ4大ポイント
❶現代中国語は拼音ローマ字順で引きやすい
❷文法、語法、類義語などの「コラム」も充実
❸大きな文字と2色刷りで大変見やすい
❹中国語常用入門レッスン「動画&音声付」
朝日出版社

使いこなせる!!
辞典に『初級者』に

WEB動画

中国語発音入門ビデオ
[収録時間43分]
快音発音
動画サーバーから視聴可能

わかりやすい基本的な日本人発音のコツを、相原先生が無理なく学生の解説しています。
中国語の重要な発音ポイント「四声・子音・母音・声調」や

音声DLアプリ

[収録時間21]
発音中国語

な相音辞
お原声典
発茂DL付
音先録
講生音録
義の声
で基準

発音準備

新装版 はじめての中国語学習辞典　相原 茂[編著]　B6変型判/776頁

- 見出し語1万1千
- 見やすい2色刷
- 辞書に[参考書]の要素をプラス
- [発音マスター] WEB動画(サーバー)＆音声DLアプリ

1. すべての中国語にピンインローマ字つき。
2. 重要語は3ランクに分けマークで表示。
3. 文法コラム、語法コラムの充実。
4. すべての見出し単語に品詞名を明示。
5. 類義語を重視し、「目で見る類義語」の創設。
6. 「百科知識」で文化・習慣を分かりやすく解説。
7. コミュニケーションに役立つ「表現Chips」。
8. 目で見る逆引き単語帳「逆引きウインドウズ」。
9. 中国のベテラン画家による豊富なイラスト。
10. 中国語学習に必要で便利な付録の充実。

中国語学習シソーラス辞典　相原 茂[編]　B6判/880頁

- 類義グループをなす常用語を集めた初の中国語シソーラス辞典。
- 日本語インデックス1400余、中国語の語数は約11000語
- すべての例文にピンイン、訳をつけ初級者からでも使える。
- スピーキングやライティングにおける類語の正しい使い分けに。
- 仕事での中国語のメールや文書を書く機会が多い人にも最適
- 語彙力の増強ができ、ボキャブラリービルディングにも有効。
- 巻末には検索の便を図り、全見出し語から引ける索引を用意。

- 語彙的な言語と言われる中国語。
- マスターのカギは微妙な類義表現の使い分けにあり。
- 日本人学習者の立場にたった類義語を選択。
- 500を超える類義語セットを弁別,解説。
- 執筆スタッフ40名による本格的類義語辞典。
- すべての例文にピンイン,訳付。初級者からも使える!
- 中国語の教育・学習に必須の工具書の誕生!

朝日出版社

〒101-0065 東京都千代田区西神田3-3-5　URL: http://text.asahipress.com/chinese/
TEL: 03-3263-3321　FAX: 03-5226-9599

注文書

		注文数
新装版 はじめての中国語学習辞典	定価(本体2800円+税) ISBN978-4-255-01223-0	冊
中国語学習シソーラス辞典	定価(本体3800円+税) ISBN978-4-255-00993-3	冊
中国語類義語辞典	定価(本体4500円+税) ISBN978-4-255-00841-7	冊

お名前

ご住所

TEL

書店印

必要事項をご記入のうえ,最寄りの書店へお申し込みください。

日本初の本格的類義語辞典

中国語類義語辞典

相原茂〈主編〉

中国語上達を目指すすべての人に!!

- ●A5判 ●816頁
- ●定価(本体4,500円+税)
- ISBN978-4-255-00841-7

日本語Index1400、中国語見出し11000語 学生、教師、研究者必携の辞典!

中国語学習シソーラス辞典

相原茂〈編〉

日本語から引ける類語使い分け辞典です

- ●B6判 ●880頁
- ●定価(本体3,800円+税)
- ISBN978-4-255-00993-3

(株)朝日出版社

第五課

你的爱好是什么？

学習目標

- 趣味について話すことができる。
- 好き嫌いを言える。
- いつどこで〜すると言うことができる。
- 相手と約束ができる。

课文 1

李: 高桥, 你 的 爱好 是 什么?
Lǐ: Gāoqiáo, nǐ de àihào shì shénme?

高桥: 我 的 爱好 是 打 网球、听 音乐。你 呢?
Gāoqiáo: Wǒ de àihào shì dǎ wǎngqiú, tīng yīnyuè. Nǐ ne?

李: 我 喜欢 看 小说、看 动漫,
Lǐ: Wǒ xǐhuan kàn xiǎoshuō, kàn dòngmàn,

还 喜欢 看 电影。
hái xǐhuan kàn diànyǐng.

高桥: 我 也 喜欢 看 电影。
Gāoqiáo: Wǒ yě xǐhuan kàn diànyǐng.

李: 你 喜欢 看 科幻片, 还是 喜欢 看 爱情片?
Lǐ: Nǐ xǐhuan kàn kēhuànpiàn, háishi xǐhuan kàn àiqíngpiàn?

高桥: 我 喜欢 看 科幻片。
Gāoqiáo: Wǒ xǐhuan kàn kēhuànpiàn.

新出语句

①	爱好	àihào	(名)	趣味
②	打	dǎ	(動)	打つ、(球技やゲームなど) する
③	网球	wǎngqiú	(名)	テニス
④	音乐	yīnyuè	(名)	音楽
⑤	喜欢	xǐhuan	(動)	～(するの) が好きだ
⑥	看	kàn	(動)	見る、(声に出さずに) 読む、会う
⑦	小说	xiǎoshuō	(名)	小説
⑧	动漫	dòngmàn	(名)	アニメ (と漫画)
⑨	还	hái	(副)	そのほか、さらに、また
⑩	电影	diànyǐng	(名)	映画
⑪	科幻片	kēhuànpiàn	(名)	SF 映画
⑫	还是	háishi	(接)	それとも
⑬	爱情片	àiqíngpiàn	(名)	恋愛映画

ポイント 1

1 動詞 "喜欢"："喜欢"＋目的語（名詞／動詞／動詞フレーズ）「～（するの）が好きだ」

名詞のほか動詞句も目的語に取り、"很" などの修飾を受けることもできる。

① 我 姐姐 喜欢 猫，不 喜欢 狗。
　 Wǒ jiějie xǐhuan māo, bù xǐhuan gǒu.

② 你 喜欢 哪个?
　 Nǐ xǐhuan něige?

③ 他 妹妹 很 喜欢 踢 足球。
　 Tā mèimei hěn xǐhuan tī zúqiú.

④ 你 弟弟 喜欢 打 网球 吗?
　 Nǐ dìdi xǐhuan dǎ wǎngqiú ma?

| 練習 | 日本語に合わせて下線部を埋めましょう。 |

1　私は音楽を聞くのが好きだ。　　　　　　　我喜欢_____　_____。

2　私の妹は猫が大好きだ。　　　　　　　　　我_____　　　　喜欢猫。

3　サッカー（をする）のが好きですか。　　　你_____　　　　足球吗?

4　彼は麺（を食べるの）が好きではない。　　他_____喜欢_____拉面。

> 猫：猫　狗：犬　踢：ける、（サッカーを）する　足球：サッカー

2 選択疑問文：A "还是" B？「A それとも B ?」

※文末には "吗" をつけない。

① 你 喝 咖啡 还是 喝 红茶?
　 Nǐ hē kāfēi háishi hē hóngchá?

② 你 哥哥 星期六 来 还是 星期天 来?
　 Nǐ gēge xīngqīliù lái háishi xīngqītiān lái?

③ 这个 贵 还是 那个 贵?
　 Zhèi ge guì háishi nèi ge guì?

④ 她 是 中国人 还是 韩国人?
　 Tā shì Zhōngguórén háishi Hánguórén?

> 星期六：土曜日　星期天：日曜日　明天 míngtiān：明日

| 練習 | 次の日本語を中国語に訳しましょう。 |

1　犬が好き、それとも猫が好き？

2　英語が難しい、それとも中国語が難しい？

3　君は今日行く、それとも明日行く？

4　彼はあなたのお兄さん、それとも弟？

★ 時（いつ）を表すことばの位置：「いつ＋動詞」

「いつ」を表す語句は動詞の前に置く。文頭に置くことも可能。

他 明年 去 中国。
Tā míngnián qù Zhōngguó.

明年 他 去 中国。
Míngnián tā qù Zhōngguó.

> 明年：来年

課文 2

李: 明天 你 有 时间 吗?
Lǐ: Míngtiān nǐ yǒu shíjiān ma?

咱们 一起 去 看 电影, 怎么样?
Zánmen yìqǐ qù kàn diànyǐng, zěnmeyàng?

高桥: 明天 星期天, 我 要 去 打工。
Gāoqiáo: Míngtiān xīngqītiān, wǒ yào qù dǎgōng.

李: 是 吗? 那 你 什么 时候 有 空儿?
Lǐ: Shì ma? Nà nǐ shénme shíhou yǒu kòngr?

高桥: 后天 没 问题。 我们 后天 去, 好 吗?
Gāoqiáo: Hòutiān méi wèntí. Wǒmen hòutiān qù, hǎo ma?

李: 好, 后天 下午 三 点 在 学校 门口 见。
Lǐ: Hǎo, hòutiān xiàwǔ sān diǎn zài xuéxiào ménkǒu jiàn.

高桥: 一 言 为 定, 不 见 不 散。
Gāoqiáo: Yì yán wéi dìng, bú jiàn bú sàn.

新出語句

①	明天	míngtiān	(名)	明日
②	有	yǒu	(動)	ある、持っている ※否定は"没有"méiyǒu
③	时间	shíjiān	(名)	時間
④	星期天	xīngqītiān	(名)	日曜日（ポイント１既出）
⑤	打工	dǎgōng	(動+)	アルバイトする
⑥	是吗	shì ma		（応答として）そうなの？そうなんだ？
⑦	什么时候	shénme shíhou	(疑代)	いつ
⑧	空儿	kòngr	(名)	ひま
⑨	后天	hòutiān	(名)	明後日
⑩	没问题	méi wèntí		問題ない、大丈夫
⑪	下午	xiàwǔ	(名)	午後
⑫	点	diǎn	(量)	（時刻）〜時
⑬	在	zài	(前)	〜で（…する）
⑭	门口	ménkǒu	(名)	入口、戸口
⑮	见	jiàn	(動)	会う
⑯	一言为定	yì yán wéi dìng		約束した以上反故にしない（約束の決まり文句）これで決まりだ
⑰	不见不散	bú jiàn bú sàn		会うまで解散しない（待ち合わせの決まり文句）必ず会おう

ポイント2

1 所有を表す動詞 "有"「～は…を持っている；～には…がある/いる」

※否定には"没有"を使う。　×"不有"としないこと。

① 我 有 汉语 词典。
   Wǒ yǒu Hànyǔ cídiǎn.

② 我 今天 上午 没有 空儿。
   Wǒ jīntiān shàngwǔ méiyǒu kòngr.

③ 我 没有 妹妹。
   Wǒ méiyǒu mèimei.

④ 你 有 没有 姐姐？
   Nǐ yǒu méiyǒu jiějie?

词典：辞典
上午：午前（中）

練習　日本語に合わせて下線部を埋めましょう。

1　私は明日の午後は時間がありません。　　我明天_____ _____时间。

2　あなたは中国語の辞書を持ってますか。　你_____汉语词典_____？

3　彼女には弟はいるが兄はいない。　　　　她_____弟弟，_____哥哥。

2 名詞述語文「～は…だ」

※日付・時刻・年齢・価格などを言う場合、動詞"是"などを使わずに名詞的な成分をそのまま述語として使うことができる。ただし、否定の場合には"不是"を使う。

① 今天 星期一。
   Jīntiān xīngqīyī.

② 我 弟弟 十五 岁。
   Wǒ dìdi shíwǔ suì.

③ 今天 星期 几？
   Jīntiān xīngqī jǐ?

④ 明天 不 是 星期三。
   Míngtiān bú shì xīngqīsān.

星期一：月曜日
岁：～歳
星期几：何曜日
星期三：水曜日
星期五：金曜日

練習　次の日本語を中国語に訳しましょう。

1　明日は日曜日です。

2　祖父（父方）は六十歳です。

3　あさっては土曜日ではなく、金曜日です。

3 前置詞 "在"：主語＋"在"＋場所＋動詞（＋目的語）「～で…する」

① 他 在 图书馆 看 书。
   Tā zài túshūguǎn kàn shū.

② 他们 星期五 中午 在 食堂 吃 饭。
   Tāmen xīngqīwǔ zhōngwǔ zài shítáng chī fàn.

※否定の副詞や助動詞は"在"の前に置く。

③ 他 不 在 超市 打工。
   Tā bú zài chāoshì dǎgōng.

④ 我 不 想 在 那儿 买 东西。
   Wǒ bù xiǎng zài nàr mǎi dōngxi.

图书馆：図書館
书：本
中午：昼
超市：スーパー

練習　日本語に合わせて並べ替えましょう。

1　私は大学で中国語を勉強する。

　（我／大学／汉语／学习／在／。）

2　君はどこでバイトしたいの？

　（你／打工／在／哪儿／想／？）

3　彼は学食で食事をしない。

　（他／在／不／学生食堂／吃饭／。）

総合練習

一、発音練習と聞き取り

発音を練習しましょう。　　　　　　　　　　　　　　　　　V 5-⑤

1　shénme shíhou　什么时候　　2　ménkǒu　门口　　3　diànyǐng　电影

聞き取ってピンインを完成しましょう。　　　　　　　　　V 5-⑥

1　h___t___　　　2　x_____uō　　　3　yīn___
　　后天　　　　　　　　小说　　　　　　　音乐

二、下線部を入れ換えて、練習しましょう。

1　A：你的爱好是什么？
　　　Nǐ de àihào shì shénme?

　　B：我喜欢听音乐，还喜欢看电影。
　　　Wǒ xǐhuan tīng yīnyuè, hái xǐhuan kàn diànyǐng.

　　A：我也喜欢看电影。
　　　Wǒ yě xǐhuan kàn diànyǐng.

　　B：那咱们一起去看电影吧。
　　　Nà zánmen yìqǐ qù kàn diànyǐng ba.

★打网球／踢足球
　dǎ wǎngqiú　tī zúqiú

2　A：我们星期天去超市 买东西，怎么样？
　　　Wǒmen xīngqītiān qù chāoshì mǎi dōngxi, zěnmeyàng?

　　B：我上午要去打工，下午去吧。
　　　Wǒ shàngwǔ yào qù dǎ gōng, xiàwǔ qù ba.

　　A：好，下午一点在超市门口见。
　　　Hǎo, xiàwǔ yì diǎn zài chāoshì ménkǒu jiàn.

　　B：不见不散。
　　　Bú jiàn bú sàn.

★百货商店／买衣服／三点
　bǎihuò shāngdiàn mǎi yīfu　sāndiǎn

★餐馆／吃意大利面／五点
　cānguǎn　chī yìdàlìmiàn　wǔdiǎn

百货商店：デパート
衣服：服
餐馆：レストラン

三、録音を聞いて、適切な答えを①～③から選びましょう。　V 5-⑦

1　①　看小说　　　②　看电影　　　③　听音乐
2　①　学校　　　　②　图书馆　　　③　学校门口

四、次の質問を中国語に訳し、答えましょう。

1　あなたの趣味は何ですか。

　　问_____　答_____

2　あなたはラーメンが食べたいですか、それとも寿司が食べたいですか。

　　问_____　答_____

3　あなたには中国人の友達がいますか。

　　问_____　答_____

4　明日10時に校門で待ち合わせでいいですか。

　　问_____　答_____

五、以下の会話文を完成し、クラスメートと練習しましょう。

1　A：你喜欢看日本电影，_____喜欢看美国电影？

　　B：我喜欢看_____电影，你呢？

　　A：我喜欢看_____电影。

　　B：我们的爱好都是看电影。

2　A：下午我要_____，你呢？

　　B：我要去打工。

　　A：你在哪儿_____？

　　B：我在_____打工。

六、文章を読んで、作文してみましょう。　　　　　　　　　　　　V 5-⑧

1　　高桥的爱好是打网球、听音乐。李燕喜欢看小说、看动漫，还喜欢看电影。她们明天要去看电影，下午三点在学校门口见。

　　　Gāoqiáo de àihào shì dǎ wǎngqiú、tīng yīnyuè. Lǐ Yàn xǐhuan kàn xiǎoshuō、kàn dòngmàn, hái xǐhuan kàn diànyǐng. Tāmen míngtiān yào qù kàn diànyǐng, xiàwǔ sān diǎn zài xuéxiào ménkǒu jiàn.

2　あなたの趣味について書いてみましょう。

_____

_____

_____

コラム 「いつ」の言い方

★ **年月日・曜日の言い方：〜年 nián 〜月 yuè 〜号 hào 星期 xīngqī 〜**

① 二〇一七年　一月　二号　星期三 （2017年1月2日水曜日）
　　èr líng yī qī nián　　yīyuè　èr hào　xīngqīsān
　年号は数字を一つ一つ粒読みする。日付で用いる数字の"一"は第1声で読む。

② 星期一　星期二　星期三　星期四　星期五　星期六　星期天／星期日 （月曜日〜日曜日）
　　xīngqīyī　xīngqī'èr　xīngqīsān　xīngqīsì　xīngqīwǔ　xīngqīliù　xīngqītiān/xīngqīrì

③ 今天 几月 几号 星期几？ （今日は何月何日何曜日？）
　　Jīntiān jǐ yuè jǐ hào xīngqī jǐ?
　聞きたい部分の数字を"几"に置き換えて聞く。　　※"几"については第6課参照。

★ **時刻の言い方：〜点 diǎn …分 fēn （〜時…分）**

① 现在 几点？ ―― 两点 十二分。（今何時？ ―― 2時12分。）
　　Xiànzài jǐ diǎn?　　Liǎng diǎn shí'èr fēn.
　「2時」は特別に"两点"と言う。尋ねる場合は"几"を使う。

② 八点一刻（8:15）　五点半（5:30）　六点三刻（6:45）
　　bā diǎn yí kè　　wǔ diǎn bàn　　liù diǎn sān kè
　15分、30分、45分には上記の言い方もある。

③ 差 十 分 四点 （3:50）
　　chà shí fēn sì diǎn
　「〜時…分前」は"差…分〜点"と言う。

○	ゼロ
年	年
月	月
号	日
星期	曜日
星期二	火曜日
星期四	木曜日
星期日	日曜日
现在	今、現在
两	2、ふたつ
分	〜分
一刻	15分
半	30分、半、半分
三刻	45分
差	不足する

★ **「いつ」に関する語句**

おととい	きのう	きょう	あす	あさって
前天 qiántiān	昨天 zuótiān	今天 jīntiān	明天 míngtiān	后天 hòutiān
おととし	きょねん	ことし	らいねん	さらいねん
前年 qiánnián	去年 qùnián	今年 jīnnián	明年 míngnián	后年 hòunián
先週		今週		来週
上个星期 shàng ge xīngqī		这个星期 zhèige xīngqī		下个星期 xià ge xīngqī
先月		今月		来月
上个月 shàng ge yuè		这个月 zhèige yuè		下个月 xià ge yuè
あさ	ごぜん	おひる	ごご	よる
早上 zǎoshang	上午 shàngwǔ	中午 zhōngwǔ	下午 xiàwǔ	晚上 wǎnshang

※「来週の月曜」は"下（个）星期一"のように言う。

第五課　ステップアップ練習

一、発音練習と聞き取り

発音を練習しましょう。

1　zhèige xīngqī 这个星期
2　sān diǎn bàn 三点半（3：30）
3　wǎnshang 晚上
4　shí'èryuè èrshiwǔ hào 十二月二十五号
5　jiǔ diǎn yí kè 九点一刻
6　xīngqīsì 星期四

聞き取ってピンインを完成しましょう。

1　___yuè ___hào
　　几月几号
2　___īngqīt___
　　星期天
3　___à wǔ ___liǎng diǎn
　　差五分两点（1：55）
4　___nián
　　去年
5　___diǎn ___ī fēn
　　六点七分
6　___ānyuè shísì ___ào
　　三月十四号

二、下線部に右の単語を入れ換えて、会話練習をしましょう。

1　A：今天几月几号？
　　　Jīntiān jǐ yuè jǐ hào?

　　B：今天六月八号。
　　　Jīntiān liùyuè bā hào.

　　★五月五号／星期三
　　　wǔyuè wǔ hào　xīngqīsān

　　A：星期几？
　　　Xīngqī jǐ?

　　★四月九号／星期六
　　　sìyuè jiǔ hào　xīngqīliù

　　B：星期二。
　　　Xīngqī'èr.

2　A：你明天上午有课吗？
　　　Nǐ míngtiān shàngwǔ yǒu kè ma?

　　★早上／九点
　　　zǎoshang jiǔ diǎn

　　B：我明天上午有课。
　　　Wǒ míngtiān shàngwǔ yǒu kè.

　　★下午／一点半
　　　xiàwǔ　yì diǎn bàn

　　A：几点有课？
　　　Jǐ diǎn yǒu kè?

　　★下午／三点二十五分
　　　xiàwǔ　sān diǎn èrshiwǔ fēn

　　B：十点五十五分有课。
　　　Shí diǎn wǔshiwǔ fēn yǒu kè.

课 kè：授業

三、録音を聞いて、適切な答えを①～③から選びましょう。

1　①　星期二　　②　星期一　　③　星期四
2　①　12：00　　②　11：50　　③　12：10

四、中国語で話してみましょう。

　以下のスケジュールを使って、友達とご飯を食べに行ったり、映画を見に行ったりする約束をしてみましょう。

【自分のスケジュール】

	上午	下午	晚上
星期一	汉语课	打工	
星期二			写报告
星期三		英语课	去图书馆
星期四	去图书馆		打工
星期五	英语课	汉语课	
星期六			打网球
星期天	打工	打工	打工

【友達のスケジュール】

	上午	下午	晚上
星期一	汉语课	打工	
星期二		英语课	去图书馆
星期三	打工		
星期四	英语课	写报告	
星期五	踢足球	汉语课	
星期六	去图书馆		打工
星期天	写报告	写报告	

第四、五課　応用練習

一、音声を聞いて、ピンインと簡体字を書き取りましょう。　　　　　　　　　　　　V 4_5-①

1 _____　2 _____　3 _____　4 _____　5 _____

6 _____　7 _____　8 _____　9 _____　10 _____

二、音声を聞いて、ピンインと簡体字を書き取りましょう。　　　　　　　　　　　　V 4_5-②

1 _____

2 _____

3 _____

4 _____

三、次の日本語を中国語に訳しましょう。

1　私は明日地下鉄で行きます。あなたは？――私はバスで行きます。

2　あなたは中国に旅行に行きたいですか。――私はとても行きたいです。

3　（反復疑問文で）日曜の午後あなたは時間がありますか。――ありません。

4　あなたの趣味は何ですか？――サッカーとアニメが好き、それから音楽を聞くのも好きです。

5　彼女はあなたのお姉さんですか、それとも妹ですか。

6　水・木・金の夜、私の兄はコンビニでバイトしています。

読解

V 4_5-③

《我的一天》

我 今年 十九 岁，是 大学 一 年级 的 学生。我 在 外语 学院
Wǒ jīnnián shíjiǔ suì, shì dàxué yī niánjí de xuéshēng. Wǒ zài wàiyǔ xuéyuàn
学习 法语。今天 我 想 去 学生 食堂 吃 咖喱饭。食堂 的 咖喱饭 不 太
xuéxí Fǎyǔ. Jīntiān wǒ xiǎng qù xuéshēng shítáng chī gālífàn. Shítáng de gālífàn bú tài
辣，非常 好吃。下午 我 要 去 图书馆 看 书。今天 晚上 不用 去 打工，
là, fēicháng hǎochī. Xiàwǔ wǒ yào qù túshūguǎn kàn shū. Jīntiān wǎnshang búyòng qù dǎgōng,
想 和 朋友 一起 去 看 电影。我 很 喜欢 看 电影，你 呢？
xiǎng hé péngyou yìqǐ qù kàn diànyǐng. Wǒ hěn xǐhuan kàn diànyǐng, nǐ ne?

一天 yì tiān：一日（いちにち）
和 hé：～と

内容に基づいて、質問に答えましょう。

1　他是几年级的学生？
2　他今天想去学生食堂吃饭吗？
3　学生食堂的咖喱饭好吃不好吃？
4　今天下午他要不要去打工？

二、次の唐詩を発音し、暗唱してみましょう。

《静夜思》　李白　　『静夜思』（り　はく）

V 4_5-④

床　前　明　月　光　　牀前（しょうぜん）明月の光、
chuáng qián míng yuè guāng

疑　是　地　上　霜　　疑うらくは是（これ）地上の霜かと。
yí shì dì shàng shuāng

举　头　望　明　月　　頭（こうべ）を挙げて明月を望み、
jǔ tóu wàng míng yuè

低　头　思　故　乡　　頭を低（た）れて故郷を思う。
dī tóu sī gù xiāng

現代語訳：枕元に明るい月の光が差し、地上に霜が降りたのかと思った。
　　　　　頭を挙げて明月を眺め、うなだれては故郷に思いをはせる。

※中国では上記が広く知られているが、日本では《唐詩選》に基づき起句と転句が異なる別版が一般的。

床前<u>看</u>月光 〜 <u>kàn</u> yuè guāng（月光を看る）　　举头望<u>山</u>月 〜 wàng <u>shān</u> yuè（山月を望み）

第六課

我想买一束花

学習目標

- 買い物に行ける。
- ものの値段を尋ね、答えることができる。
- ものによって量詞の使い分けができる。

课文 1

李:	这 种 草莓 巧克力 真 可爱！
Lǐ:	Zhèi zhǒng cǎoméi qiǎokèlì zhēn kě'ài!
	那 种 抹茶 的 也 不错。
	Nèi zhǒng mǒchá de yě búcuò.
店员:	这 两 种 巧克力，都 非常 受 欢迎。
diànyuán:	Zhèi liǎng zhǒng qiǎokèlì, dōu fēicháng shòu huānyíng.
李:	那 我 要 草莓 的。多少 钱 一 盒？
Lǐ:	Nà wǒ yào cǎoméi de. Duōshao qián yì hé?
店员:	草莓 巧克力 一千 三百 日元 一 盒，
diànyuán:	Cǎoméi qiǎokèlì yìqiān sānbǎi Rìyuán yì hé,
	您 要 几 盒？
	nín yào jǐ hé?
李:	我 要 两 盒。
Lǐ:	Wǒ yào liǎng hé.
店员:	一共 两千 六百 日元。
diànyuán:	Yígòng liǎngqiān liùbǎi Rìyuán.

新出语句

①	种	zhǒng	（量）	～種、種類　※"这种～"この種類の～
②	草莓	cǎoméi	（名）	イチゴ
③	巧克力	qiǎokèlì	（名）	チョコレート　※"草莓巧克力"イチゴチョコレート
④	真	zhēn	（副）	本当に
⑤	可爱	kě'ài	（形）	かわいい
⑥	抹茶	mǒchá	（名）	抹茶
⑦	不错	búcuò	（形）	よい
⑧	店员	diànyuán	（名）	店員
⑨	两	liǎng	（数）	2、ふたつ
⑩	受欢迎	shòu huānyíng		人気がある
⑪	多少	duōshao	（疑代）	いくつ、どのくらい
⑫	钱	qián	（名）	お金
⑬	多少钱	duōshao qián		いくら
⑭	盒	hé	（量）	（容器に入ったものを数える）～個、～箱、
⑮	千	qiān	（数）	（位を表す）千
⑯	百	bǎi	（数）	（位を表す）百
⑰	日元	Rìyuán	（量）	日本円
⑱	要	yào	（動）	欲しい、要る
⑲	一共	yígòng	（副）	合計で

ポイント 1

1 100以上の数の数え方　※99までの数え方→第1課　p14

一百（100） yìbǎi	二百（200） èrbǎi	一千（1000） yìqiān	两千（2000） liǎngqiān	一万（10000） yíwàn	两万（20000） liǎngwàn

一百零一（101）　　一百一十 / 一百一（110）
yìbǎi líng yī　　　　yìbǎi yīshí / yìbǎi yī

一千零二（1002）　　一千零二十（1020）　　一千二百 / 一千二（1200）
yìqiān líng èr　　　　yìqiān líng èrshí　　　yìqiān èrbǎi / yìqiān èr

一万零三（10003）　　一万零三十（10030）　　一万零三百（10300）　　一万三千 / 一万三（13000）
yíwàn líng sān　　　　yíwàn líng sānshí　　　yíwàn líng sānbǎi　　　yíwàn sānqiān / yíwàn sān

> 万：（位を表す）万
> 零：ゼロ、空位を表す

練習 中国語で数えてみましょう。

1　172　＿＿＿＿＿＿＿＿＿　　2　860　＿＿＿＿＿＿＿＿＿
3　2009　＿＿＿＿＿＿＿＿＿　　4　50310　＿＿＿＿＿＿＿＿＿

2 ものの数え方　数詞＋量詞（＋名詞）「いくつの〜 / 〜いくつ」

ものの量を数える場合、数詞の後に量詞が必要。「2つ」は "二 èr" ではなく "两 liǎng" を使う。

よく使う量詞の組み合わせ例

个 ge	一个妹妹 yí ge mèimei	本 běn	一本词典 yì běn cídiǎn	件 jiàn	两件T恤衫 liǎng jiàn T-xùshān
双 shuāng	三双鞋 sān shuāng xié	杯 bēi	四杯咖啡 sì bēi kāfēi	盒 hé	五盒巧克力 wǔ hé qiǎokèlì

★ "这、那、哪" ＋数詞＋量詞（＋名詞）：「この / あの / どの〜」

① 这 四 本 书　　　② 那 两 个 学生　　　③ 哪（一）双 袜子
　zhè sì běn shū　　　 nà liǎng ge xuéshēng　　 nǎ (yì) shuāng wàzi

★ 数を尋ねる "几" と "多少"

"几" は10以下を予想して尋ねる場合や日付・序数に使い、それ以外は "多少" を使う。
"多少" は "个" などの量詞なしに直接名詞の前に置いたり、単独で使うこともできる。

① 今天 几 月 几 号 星期 几?　　② 你 买 几 本 书?
　Jīntiān jǐ yuè jǐ hào xīngqī jǐ?　　Nǐ mǎi jǐ běn shū?

③ 你 家 有 几 口 人?　　　　　　④ 你们 学校 有 多少 学生?
　Nǐ jiā yǒu jǐ kǒu rén?　　　　　 Nǐmen xuéxiào yǒu duōshao xuéshēng?

※家族の言い方→第二課コラム

> 个：〜個、〜人
> 本：〜冊
> 件：（服や事柄）
> 　〜着、〜件
> T恤衫：Tシャツ
> 双：（靴などペアになるもの）〜足、〜組
> 鞋：靴
> 杯：〜杯
> 袜子：靴下
> 家 jiā：家
> 口 kǒu：家族全体の人数を数える

練習 日本語に合わせて下線部を埋めましょう。

1　彼はコーヒーを2杯飲む。　　　　　他喝＿＿＿＿咖啡。
2　あなたは辞書を何冊持ってますか。　你有＿＿＿＿词典?
3　私はこの靴を買う。　　　　　　　我买＿＿＿＿鞋。

※中国の通貨の単位や買い物に関する表現→第六課コラム

課文 2

高桥： Gāoqiáo:	这个 星期天 是 母亲节。 Zhèige xīngqītiān shì Mǔqīn Jié.	
李： Lǐ:	你 想 买 什么 礼物？ Nǐ xiǎng mǎi shénme lǐwù?	
高桥： Gāoqiáo:	我 想 买 一 束 花。 Wǒ xiǎng mǎi yí shù huā.	
李： Lǐ:	附近 有 一 家 不错 的 花店。 Fùjìn yǒu yì jiā búcuò de huādiàn.	
高桥： Gāoqiáo:	那 家 花店 在 哪儿？ Nèi jiā huādiàn zài nǎr?	
李： Lǐ:	在 车站 旁边儿。 Zài chēzhàn pángbiānr.	
	我 带 你 去 吧。 Wǒ dài nǐ qù ba.	

新出語句

①	母亲节	Mǔqīn Jié	（名）	母の日
②	礼物	lǐwù	（名）	プレゼント
③	束	shù	（量）	〜束
④	花	huā	（名）	花
⑤	附近	fùjìn	（名）	近く、近所
⑥	家	jiā	（量）	（店など）〜軒
⑦	花店	huādiàn	（名）	花屋
⑧	车站	chēzhàn	（名）	駅、停留所
⑨	旁边儿	pángbiānr	（方位）	そば、隣
⑩	带	dài	（動）	連れる、携帯する

ポイント2

1 場所を表す指示代詞と方位詞

ここ	そこ	あそこ	どこ
这儿 zhèr / 这里 zhèli	那儿 nàr / 那里 nàli		哪儿 nǎr / 哪里 nǎli

① 那儿 是 图书馆。
   Nàr shì túshūguǎn.

② 这儿 的 拉面 不 太 好吃。
   Zhèr de lāmiàn bú tài hǎochī.

うえ	した	まえ	うしろ	ひだり	みぎ	なか	そと	～の中
上边儿 shàngbianr	下边儿 xiàbianr	前边儿 qiánbianr	后边儿 hòubianr	左边儿 zuǒbianr	右边儿 yòubianr	里边儿 lǐbianr	外边儿 wàibianr	～里 ～ li
ひがし	みなみ	にし	きた	となり	あいだ	むかい		～の上
东边儿 dōngbianr	南边儿 nánbianr	西边儿 xībianr	北边儿 běibianr	旁边儿 pángbiānr	中间 zhōngjiān	对面 duìmiàn		～上 ～ shang

※ "～边儿"の形の単語のうち、"旁边儿"以外は"～面 miàn"という言い方もある。

※ "里"と"上"は名詞の後に1字のまま直接置いて使うことができる。

★名詞+("的"+)方位詞：「～のどちらがわ」　　　★方位詞+"的"+名詞：「どちらがわの～」

① 便利店（的）对面　　　② 邮局（的）里边儿 / 邮局 里　　　③ 右边儿 的 教室
   biànlìdiàn (de) duìmiàn　　　yóujú (de) lǐbianr / yóujú li　　　yòubianr de jiàoshì

練習 次の日本語を中国語に訳しましょう。

1 隣のコンビニ ＿＿＿＿　　　　2 図書館の裏 ＿＿＿＿
3 郵便局の南 ＿＿＿＿　　　　4 左側の教室 ＿＿＿＿
5 机の上 ＿＿＿＿　　　　6 リュックサックの中 ＿＿＿＿

2 存在を表す"有"と所在を表す"在"

場所+"有"+(不特定の)もの/人　「どこには～がある」　※"有"の否定は"没有"

① 那儿 有 一 家 花店。　　② 附近 有 没有 银行？——没有。
   Nàr yǒu yì jiā huādiàn.　　　Fùjìn yǒu méiyǒu yínháng? Méiyǒu.

(特定の)もの/人+"在"+場所　「～はどこにある」（第3課参照）

③ 那 家 花店 在 哪儿？　　④ 邮局 在 图书馆 南边儿。
   Nèi jiā huādiàn zài nǎr?　　Yóujú zài túshūguǎn nánbianr.

> 邮局：郵便局
> 教室：教室
> 桌子 zhuōzi：机、テーブル
> 背包 bēibāo：リュックサック
> 银行：銀行

練習 1～3は"有"か"在"を下線部に入れて日本語に訳し、4・5は中国語に訳しましょう。

1 邮局＿＿＿＿银行东边儿。
2 银行东边儿＿＿＿＿一个邮局。
3 图书馆里没＿＿＿＿人。
4 机の上にリュックサックが1つある。
5 辞書はリュックサックの中にある。

総合練習

一、発音練習と聞き取り

発音を練習しましょう。　　　　　　　　　　　　　　　　　　　　V 6-⑤
1　chēzhàn　车站　　2　cǎoméi　草莓　　3　shòu huānyíng　受欢迎

聞き取ってピンインを完成しましょう。　　　　　　　　　　　　V 6-⑥
1　＿＿uā＿＿iàn　　2　＿＿áng＿＿iānr　　3　＿＿uō＿＿ao
　　花店　　　　　　　　旁边儿　　　　　　　多少

二、下線部を入れ換えて、練習しましょう。

1　A：这双 袜子多少钱？
　　　Zhèi shuāng wàzi duōshao qián?

　　B：三十五块钱。
　　　Sānshiwǔ kuài qián.

　　A：我要三 双，便宜一点儿吧。
　　　Wǒ yào sān shuāng, piányi yìdiǎnr ba.

　　B：好，一共 一百 块，怎么样？
　　　Hǎo, yígòng yìbǎi kuài, zěnmeyàng?

块（钱）：～元
※「元」は中国の通貨の単位
便宜一点儿吧：ちょっと安くしてください
裤子 kùzi：ズボン
条 tiáo：（細長いものやズボンなど）～本

2　A：请问，图书馆在哪儿？
　　　Qǐngwèn, túshūguǎn zài nǎr?

　　B：在车站南边儿。
　　　Zài chēzhàn nánbianr.

　　A：图书馆 旁边儿有 便利店 吗？
　　　Túshūguǎn pángbiānr yǒu biànlìdiàn ma?

　　B：没有便利店，有快餐店。
　　　Méiyǒu biànlìdiàn, yǒu kuàicāndiàn.

快餐店：ファーストフード店
体育馆 tǐyùguǎn：体育館

三、録音を聞いて、適切な答えを①～③から選びましょう。　V 6-⑦

1　①　要四十个　　　②　有十四个　　　③　要十四个
2　①　106　　　　　②　160　　　　　③　54

四、次の質問を中国語に訳し、答えましょう。

1 この本はいくらですか。

　　问_____　　答_____

2 あなたにはお兄さんがいますか。（いる場合は人数も答えること）

　　问_____　　答_____

3 あなたがたの学校には食堂がいくつありますか。

　　问_____　　答_____

4 あなたは毎日コーヒーを何杯飲みますか。

　　问_____　　答_____

五、以下の会話文を完成し、クラスメートと練習しましょう。

1　A：你家有几口人？

　　B：_____口人，_____和我。

　　A：你家_____哪儿？

　　B：在上智大学_____。

好看 hǎokàn：
きれいだ、かっこいい

太～了 tài~le：
～すぎる、あまりに～だ

2　A：这_____ _____真好看！

　　B：多少钱？

　　A：_____日元。

　　B：太贵了！

￥9,600　￥28,600　￥17,500

六、文章を読み、作文してみましょう。　　　　　　　　　　　　　　　　　Ⅴ 6-⑧

1　　　这个星期天是母亲节，高桥想买一束花。车站旁边儿有一家不错的花店，李燕要带高桥去那儿买花。

　　　Zhèige xīngqītiān shì Mǔqīn Jié, Gāoqiáo xiǎng mǎi yí shù huā. Chēzhàn pángbiānr yǒu yì jiā búcuò de huādiàn, Lǐ Yàn yào dài Gāoqiáo qù nàr mǎi huā.

2　母の日にプレゼントをするか、その場合大体は何を贈るか書いてみましょう。

_____

_____

コラム　値段の言い方と買い物に関する表現

★ 中国の通貨の単位「人民元」〜元、〜角（元の 1/10）、〜分（元の 1/100）

〜元［块］　　〜角［毛］　　〜分　　※［ ］内は口語
yuán [kuài]　　jiǎo [máo]　　fēn

四块八（毛）(4.8元)　　十二块七毛五（分）(12.75元)
sì kuài bā (máo)　　shí'èr kuài qī máo wǔ (fēn)

★ 値段の聞き方……1個単位でなく、量り売りのものもあります。

多少钱一个？（1 ついくら。）　　多少 钱 一 斤？（500g いくらですか。）
Duōshao qián yí ge?　　Duōshao qián yì jīn?

怎么卖？（いくらですか。／どうやって売りますか。）
Zěnme mài?
※「どうやって売りますか。」：量り売りの場合などの聞き方。

便宜 一点儿 吧！（少しまけてください！）
Piányi yìdiǎnr ba!

元：元（中国の通貨単位）
角：角※元の 10 分の 1（中国の通貨単位）
毛：角の口語（中国の通貨単位）
分：分※元の 100 分の 1（中国の通貨単位）
斤：500 グラム（中国の重さの単位）
怎么：どうやって
卖：売る
打折：割引する
送：プレゼントする

★ 割引の表示……普通は「〜割引くか」ではなく「元の何割か」を表示します。また、セールの際に半額で売る代わりに2つで1つ分の値段で売るのをよく見かけます。

打八折（8 掛け＝2 割引）　　买一送一（1つ買うと1つプレゼント）
dǎ bā zhé　　mǎi yī sòng yī

レシートの一例

单品名称	数量	单价	折扣率
美式咖啡	2	30.00	
草莓冰淇淋	1	60.00	※9折
巧克力蛋糕	1	45.00	
总计 135.00　总件数 4 件			
现金 200.00			
找零 65.00			

仕組みを解読してみましょう！

☆ヒント☆

"美式"の"美"は"美国"のこと
"冰淇淋 bīngqílín"（アイスクリーム）
"蛋糕 dàngāo"（ケーキ）
"价"は日本の字だと「価」
"总"は日本の字だと「総」

第六課　ステップアップ練習

一、発音練習と聞き取り

発音を練習しましょう。　　　　　　　　　　　　　　　　　　　　V 6-⑨

1　多少钱？　Duōshao qián?　　　　2　多少钱一斤？　Duōshao qián yì jīn?
3　便宜一点儿吧！　Piányi yìdiǎnr ba!　　4　这本书多少钱？　Zhèi běn shū duōshao qián?
5　太贵了！　Tài guì le!　　　　　6　二百一十九块七毛六分
　　　　　　　　　　　　　　　　　　èrbǎi yīshíjiǔ kuài qī máo liù fēn

音声を聞き、値段を書き取りましょう。　　　　　　　　　　　　　V 6-⑩

1　_____　　2　_____　　3　_____

4　_____　　5　_____　　6　_____

二、下線部に右の単語を入れ換えて、会話練習をしましょう。

1　A：这种梨多少钱一斤？　　　　　★点心 /25块 /20块
　　　Zhèi zhǒng lí duōshao qián yì jīn?　　diǎnxin

　　B：十六块。　　　　　　　　　　★苹果 /15.8块 /13.8块
　　　Shíliù kuài.　　　　　　　　　píngguǒ

　　A：太贵了！便宜一点儿吧。
　　　Tài guì le! Piányi yìdiǎnr ba.

　　B：好，一斤十二块，怎么样？
　　　Hǎo, yì jīn shí'èr kuài, zěnmeyàng?

梨：梨
苹果：リンゴ

2　A：这双鞋怎么卖？　　　　　　　★袜子／五双／一双 11 块
　　　Zhèi shuāng xié zěnme mài?　　wàzi　wǔshuāng

　　B：二百八。　　　　　　　　　　★裤子／两条／一条 299 块
　　　Èrbǎi bā.　　　　　　　　　　kùzi　liǎngtiáo

　　A：便宜一点儿吧，我要两双。　　★T恤衫／三件／一件 240 块
　　　Piányi yìdiǎnr ba, wǒ yào liǎng shuāng.　T-xùshān　sānjiàn

　　B：好，一双二百五十，一共五百块。
　　　Hǎo, yì shuāng èrbǎi wǔshí, yígòng wǔbǎi kuài.

三、録音を聞いて、適切な答えを①～③から選びましょう。　　　　V 6-⑪

1　①　¥8.47　　　②　¥17.8　　　③　¥47.8
2　①　二十块　　　②　五十块　　　③　一百块

四、文章を読んで、作文をしましょう。

1 　　我们学校对面有一家咖啡馆，那儿的咖啡非常好喝，面包也很好吃。一杯咖啡十二块五，一个面包七块。买一杯咖啡和一个面包一共十九块五，我很喜欢那儿。

　　Wǒmen xuéxiào duìmiàn yǒu yì jiā kāfēiguǎn, nàr de kāfēi fēicháng hǎohē, miànbāo yě hěn hǎochī. Yì bēi kāfēi shí'èr kuài wǔ, yí ge miànbāo qī kuài. Mǎi yì bēi kāfēi hé yí ge miànbāo yígòng shíjiǔ kuài wǔ, wǒ hěn xǐhuan nàr.

2 好きなお店および好物の値段を紹介しましょう。

漢字：

_____
_____
_____

ピンイン：

_____
_____
_____

第七課

暑假你去哪儿了？

学習目標

- 〜したことについて説明できる。
- 過去の経験について話すことができる。
- 動作の回数と時間を言うことができる。

課文 1

李: 好久 不 见, 暑假 你 去 哪儿 了?
Lǐ: Hǎojiǔ bú jiàn, shǔjià nǐ qù nǎr le?

山本: 我 去 北京 和 天津 了。
Shānběn: Wǒ qù Běijīng hé Tiānjīn le.

李: 北京 你 都 去了 哪些 地方?
Lǐ: Běijīng nǐ dōu qùle něixiē dìfang?

山本: 我 去了 故宫、 天坛, 还 有 颐和园。
Shānběn: Wǒ qùle Gùgōng, Tiāntán, hái yǒu Yíhéyuán.

你 看, 这 是 我 拍 的 照片。
Nǐ kàn, zhè shì wǒ pāi de zhàopiàn.

李: 欸, 你 没 去 长城 吗?
Lǐ: Éi, nǐ méi qù Chángchéng ma?

山本: 当然 去 了,"不 到 长城 非 好汉" 嘛。
Shānběn: Dāngrán qù le, "Bú dào Chángchéng fēi hǎohàn" ma.

新出語句

①	暑假	shǔjià	(名)	夏休み
②	了	le	(助)	〜した
③	和	hé	(接)	〜と…（第四課既出）
④	天津	Tiānjīn	(固)	天津
⑤	哪些	něixiē/nǎxiē	(代)	どれら、どの
⑥	地方	dìfang	(名)	ところ、場所
⑦	故宫	Gùgōng	(固)	故宫博物院
⑧	天坛	Tiāntán	(固)	天壇公園
⑨	还有	hái yǒu		まだ〜がある、それから
⑩	颐和园	Yíhéyuán	(固)	頤和園
⑪	你看	nǐ kàn		見てごらん、ほら
⑫	拍	pāi	(動)	（写真を）とる
⑬	照片	zhàopiàn	(名)	写真
⑭	欸	éi	(感嘆)	おや、あら
⑮	没（有）	méi(you)	(副)	〜しなかった、〜していない
⑯	长城	Chángchéng	(固)	万里の長城
⑰	当然	dāngrán	(副)	当然
⑱	不到长城非好汉	Bú dào Chángchéng fēi hǎohàn		「長城に至らずんば好男子にあらず」から、「初心を貫いてこそ立派な男子といえる」
⑲	嘛	ma	(助)	「事実・当然だ」という気分を表す

ポイント1

1 ～"了"「～した」の言い方

動詞+"了"

① 他 来 了。
　 Tā lái le.

目的語がある場合：

動詞+"了"+数量詞など+目的語

② 他 买 了 两 本 书。
　 Tā mǎile liǎng běn shū.

動詞+"了"+目的語…（「～してから…」）

③ 我 吃 了 饭 喝 咖啡。
　 Wǒ chīle fàn hē kāfēi.

動詞（+"了"）+目的語+"了"

④ 她 去（了）天津 了。
　 Tā qù (le) Tiānjīn le.

"没(有)"+動詞（+目的語）　「～しなかった、～していない」"了"は加えない。

⑤ 我 没（有）看 电影。
　 Wǒ méi(you) kàn diànyǐng.

⑥ 他 还 没（有）来。
　 Tā hái méi(you) lái.

还：まだ
做：する、つくる

⑦ 暑假 你 做 什么 了？
　 Shǔjià nǐ zuò shénme le?

⑧ 你 吃 饭 了 没有？（反復疑問文）
　 Nǐ chī fàn le méiyou?

練習 次の日本語を中国語に訳しましょう。

1　昨日あなたは中国語を勉強した？

2　彼女はＴシャツを２枚買った。

3　今朝李くん（小李）は来なかった。

2 助詞 "的"（2）：～"的"＋名詞…

動詞／動詞フレーズ+"的"+名詞　「～する／～した／～している／～していた…」

① 来 日本 的 外国人 很 多。
　 Lái Rìběn de wàiguórén hěn duō.

② 她 买 的 衣服 很 漂亮。
　 Tā mǎi de yīfu hěn piàoliang.

外国人：外国人
漂亮：きれいだ
认真：真面目だ

二音節形容詞／形容詞フレーズ+"的"+名詞　「～い、～な、～の…」

③ 她 是 一 个 认真 的 学生。
　 Tā shì yí ge rènzhēn de xuésheng.

④ 我们 是 很 好 的 朋友。
　 Wǒmen shì hěn hǎo de péngyou.

一音節形容詞＋名詞　※一音節形容詞の場合、"的"は不要。

⑤ 我 要 一 杯 热 咖啡。
　 Wǒ yào yì bēi rè kāfēi.

練習 次の語を並べ替えて、文を作りましょう。

1　我／巧克力／的／买　　　　　　　　　　　　　　　很好吃。

2　学习／的／学生／汉语　　　　　　　　　　　　　　很多。

3　的／去年／拍／长城／在　　　　这是　　　　　　　　照片。

課文 2

山本： 你　去过　上海　吗？
Shānběn: Nǐ　qùguo　Shànghǎi　ma?

李： 我　去过　一　次　上海。
Lǐ: Wǒ　qùguo　yí　cì　Shànghǎi.

山本： 你　觉得　上海　怎么样？
Shānběn: Nǐ　juéde　Shànghǎi　zěnmeyàng?

李： 上海　很　漂亮，特别　是　外滩　的　夜景　非常　迷人。
Lǐ: Shànghǎi　hěn　piàoliang, tèbié　shì　Wàitān　de　yèjǐng　fēicháng　mírén.

山本： 听说　上海　还　有　很　多　美食，
Shānběn: Tīngshuō　Shànghǎi　hái　yǒu　hěn　duō　měishí,

豫园　的　小笼包　很　有名。你　吃　了　吗？
Yùyuán　de　xiǎolóngbāo　hěn　yǒumíng. Nǐ　chī　le　ma?

李： 吃　了。不过　排队　的　人　很　多，
Lǐ: Chī　le. Búguò　páiduì　de　rén　hěn　duō,

我　等了　一　个　小时。
wǒ　děngle　yí　ge　xiǎoshí.

新出語句

①	过	guo	（助）	〜したことがある
②	上海	Shànghǎi	（固）	上海
③	次	cì	（量）	〜回
④	觉得	juéde	（動）	感じる、思う
⑤	特别	tèbié	（副）	特に、とりわけ ※"特别是"特に〜が…だ
⑥	外滩	Wàitān	（固）	上海の黄浦江岸の一帯、バンド
⑦	夜景	yèjǐng	（名）	夜景
⑧	迷人	mírén	（形）	人を陶酔させる、魅力的だ
⑨	听说	tīngshuō	（動）	〜だそうだ、〜と伝え聞く
⑩	美食	měishí	（名）	美食
⑪	豫园	Yùyuán	（固）	豫園（上海の名所旧跡のひとつ）
⑫	小笼包	xiǎolóngbāo	（名）	小籠包
⑬	有名	yǒumíng	（形）	有名だ
⑭	不过	búguò	（接）	しかし
⑮	排	pái	（動）	並ぶ、配列する
⑯	排队	páiduì	（動＋）	列を作る
⑰	等	děng	（動）	待つ
⑱	〜个小时	~ge xiǎo shí		〜時間

ポイント 2

1 経験を表す"过"　動詞+"过"（+目的語）　「～したことがある」

① 他 去过 北京。
　Tā qùguo Běijīng.

② 我 爬过 富士山。
　Wǒ páguo Fùshìshān.

"没(有)"+動詞+"过"（+目的語）　「～したことがない」

③ 我 没（有）去过 长城。
　Wǒ méi(you) qùguo Chángchéng.

④ 我 姐姐 没（有）学过 汉语。
　Wǒ jiějie méi(you) xuéguo Hànyǔ.

⑤ 你 看过 中国 电影 吗？
　Nǐ kànguo Zhōngguó diànyǐng ma?

⑥ 你 吃过 北京 烤鸭 没有？
　Nǐ chīguo Běijīng kǎoyā méiyou?

> 爬：登る　富士山：富士山　北京烤鸭：北京ダック　乌龙茶 wūlóngchá：ウーロン茶

練習 次の日本語を中国語に訳しましょう。

1　私はウーロン茶を飲んだことがない。

2　彼女はフランス語を学んだことがある。

3　あなたはテニスをしたことがある？

2 数量補語

動詞の後に付き、動作が行われる回数と時間の長さを表す。

動詞+数量補語（+目的語）　（目的語が名詞の場合）

① 他 去过 两 次 北京。
　Tā qùguo liǎng cì Běijīng.

② 我 学了 半 年 汉语。
　Wǒ xuéle bàn nián Hànyǔ.

③ 你 看过 几 次 中国 电影？
　Nǐ kànguo jǐ cì Zhōngguó diànyǐng?

④ 你 学了 几 年 英语？
　Nǐ xuéle jǐ nián Yīngyǔ?

※離合動詞：「動詞+目的語」の構造を持つ二音節動詞。例えば、"上课、打工、睡觉、上网"などの場合

⑤ 我 上了 一 个 半 小时 课。
　Wǒ shàngle yí ge bàn xiǎoshí kè.

⑥ 昨天 我 上了 三 个 小时 网。
　Zuótiān wǒ shàngle sān ge xiǎoshí wǎng.

> 半年：半年
> 几年：何年間
> 上课：授業する、授業に出る、授業が始まる
> 睡觉 shuìjiào：眠る
> 上网：インターネットをする

動詞+目的語+数量補語　（目的語が人称代詞の場合）

⑦ 我 见过 她 两 次。
　Wǒ jiànguo tā liǎng cì.

⑧ 我 等了 她 半 个 小时。
　Wǒ děngle tā bàn ge xiǎoshí.

> 一个半小时：一時間半
> 半个小时：30分間

練習 下線部に"次、一年、两个小时"を入れ、日本語に訳しましょう。

1　铃木学过＿＿＿＿汉语。

2　他去过三＿＿＿＿上海。

3　上午我听了＿＿＿＿音乐。

4　你看过几＿＿＿＿科幻片？

総合練習

一、発音練習と聞き取り

発音を練習しましょう。
1　好久不见　　　2　去过一次　　　3　拍照片

聞き取ってピンインを完成しましょう。
1　___áid___　　2　y___　___íng　　3　d___　r___
　　排队　　　　　　　有名　　　　　　当然

二、下線部を入れ換えて、練習しましょう。

1　A：你去过长城吗?
　　　Nǐ qùguo Chángchéng ma?

　　B：我去过两次。你呢?
　　　Wǒ qùguo liǎng cì. Nǐ ne?

　　A：我没（有）去过，很想去。
　　　Wǒ méi(you) qùguo, hěn xiǎng qù.

　　B：下次我们一起去吧！
　　　Xià cì wǒmen yìqǐ qù ba!

★迪士尼乐园／三次
　Díshìní lèyuán　sān cì

★横滨　中华街／一次
　Héngbīn Zhōnghuájiē　yí cì

迪士尼乐园：ディズニーランド
横浜中华街：横浜中華街
下次：次回

2　A：你写作业了吗?
　　　Nǐ xiě zuòyè le ma?

　　B：我写了。
　　　Wǒ xiě le.

　　A：你写了多长时间?
　　　Nǐ xiěle duō cháng shíjiān?

　　B：我写了两个小时。
　　　Wǒ xiěle liǎng ge xiǎoshí.

★打网球／一个小时
　dǎ wǎngqiú　yí ge xiǎoshí

★看电视／半个小时
　kàn diànshì　bàn ge xiǎoshí

写作业：宿題をする
电视：テレビ

三、録音を聞いて、適切な答えを①～③から選びましょう。

1　① 买东西了　　② 上课了　　③ 上网了
2　① 不喜欢　　　② 喜欢　　　③ 不知道

四、次の質問を中国語に訳し、答えましょう。

1 お久しぶり！夏休みはどこへ行きましたか。

　问 _____　答 _____

2 あなたは中国のアニメを見たことがありますか。

　问 _____　答 _____

3 これはどこで撮った写真ですか。

　问 _____　答 _____

4 あなたは毎日何時間寝ますか。

　问 _____　答 _____

五、以下の会話文を完成し、クラスメートと練習しましょう。

1　A：好久不见！暑假你去哪儿了？
　　B：我和朋友去_____了。
　　A：那儿的风景怎么样？
　　B：风景很美！你看，这是我拍的照片。

★北海道　★冲绳
Běihǎidào　Chōngshéng

北海道：北海道
风景 fēngjǐng：景色
冲绳：冲縄

2　A：你暑假在哪儿打工了？
　　B：我在一家_____打工了。
　　A：一个小时多少钱？
　　B：一个小时 980 日元。

★咖啡馆／980
　kāfēiguǎn
★便利店／1000
　biànlìdiàn

六、文章を読んで、作文してみましょう。

1　　山本暑假去北京旅游了。他去了故宫、天坛和颐和园，还拍了很多照片。当然他也去长城了。

2　你暑假去哪儿旅游了？

_____
_____
_____

コラム 時間の長さの言い方

時間の長さを表す語句

～年（間）	一 年 yì nián	一 年 半 yì nián bàn	两 年 liǎng nián	几 年 jǐ nián
～ヶ月（間）	一 个 月 yí ge yuè	一 个 半 月 yí ge bàn yuè	两 个 月 liǎng ge yuè	几 个 月 jǐ ge yuè
～週間	一 个 星期 yí ge xīngqī	×	两 个 星期 liǎng ge xīngqī	几 个 星期 jǐ ge xīngqī
～日（間）	一 天 yì tiān	一 天 半 yì tiān bàn	两天 liǎng tiān	几 天 jǐ tiān
～時間	一 个 小时 yí ge xiǎoshí	一 个 半 小时 yí ge bàn xiǎoshí	两 个 小时 liǎng ge xiǎoshí	几 个 小时 jǐ ge xiǎoshí
～分（間）	一 分 钟 yì fēnzhōng	一 分 半 钟 yì fēn bàn zhōng	两 分 钟 liǎng fēnzhōng	几 分 钟 jǐ fēnzhōng

你 学 了 几 年 汉语？（あなたは何年間中国語を学びましたか。）
Nǐ xuéle jǐ nián Hànyǔ?

—— 我 学 了 两 年 汉语。（私は二年間中国語を学びました。）
　　　Wǒ xuéle liǎng nián Hànyǔ.

一 个 半 月 以后 就 要 开学 了。（一ヶ月半後にはもう学校が始まります。）
Yí ge bàn yuè yǐhòu jiù yào kāixué le.

现在 离 放 暑假 还 有 一 个 星期。（今は夏休みになるまでまだ一週間あります。）
Xiànzài lí fàng shǔjià hái yǒu yí ge xīngqī.

你 姐姐 来 东京 玩儿 了 几 天？（お姉さんは東京に何日間遊びに来ましたか。）
Nǐ jiějie lái Dōngjīng wánrle jǐ tiān?

—— 她 来 玩儿 了 五 天。（彼女は五日間遊びに来ました。）
　　　Tā lái wánrle wǔ tiān.

从 东京 到 上海 坐 飞机 要 多 长 时间？（東京から上海まで飛行機でどれぐらい時間がかかりますか。）
Cóng Dōngjīng dào Shànghǎi zuò fēijī yào duō cháng shíjiān?

—— 要 三 个 半 小时 左右。（三時間半ほどがかかります。）
　　　Yào sān ge bàn xiǎoshí zuǒyòu.

以后：以降、～の後　　就要～了：まもなく～する
开学：学校が始まる　　离：～から、～まで
放暑假：夏休みになる　　玩儿：遊ぶ
从～到…：～から…まで　　飞机：飛行機
要：必要だ、かかる　　多长时间：どれぐらいの時間
左右：～くらい、～前後

第七課　ステップアップ練習

一、発音練習と聞き取り

発音を練習しましょう。　　　　　　　　　　　　　　　　　　　V 7-⑩

1　yì nián　一年
2　yí ge yuè　一个月
3　liǎng ge xīngqī　两个星期
4　děngle sān tiān　等了三天
5　bā fēnzhōng　八分钟
6　shuì wǔ ge xiǎoshí jiào　睡五个小时觉

聞き取ってピンインを完成しましょう。　　　　　　　　　　　　V 7-⑪

1　jǐ___ xiǎosh___
　　几个小时
2　___nián
　　半年
3　___shí fēnzh___
　　二十分钟
4　___uō ___áng shíjiān
　　多长时间
5　jiǔ ge y___
　　九个月
6　sì ge x___qī
　　四个星期

二、下線部を入れ換えて、会話練習をしましょう。

1　A：你学过汉语吗？
　　　 Nǐ xuéguo Hànyǔ ma?

　　B：我学过汉语。　　　　　★英语／七年
　　　 Wǒ xuéguo Hànyǔ.　　　　Yīngyǔ　qī nián

　　A：你学了多长时间？　　　★法语／一年半
　　　 Nǐ xuéle duō cháng shíjiān?　Fǎyǔ　yì nián bàn

　　B：我学了两年。
　　　 Wǒ xuéle liǎng nián.

2　A：你什么时候去京都旅游？　★长野／这个月／六天
　　　 Nǐ shénme shíhou qù Jīngdū lǚyóu?　Chángyě　zhèi ge yuè　liù tiān

　　B：我下个月去。　　　　　★福冈／下个星期／四天
　　　 Wǒ xià ge yuè qù.　　　　Fúgāng　xià ge xīngqī　sì tiān

　　A：你要去多长时间？
　　　 Nǐ yào qù duō cháng shíjiān?

　　B：我要去三天。
　　　 Wǒ yào qù sān tiān.

三、録音を聞いて、適切な答えを①〜③から選びましょう。　　　V 7-⑫

1　①　他没有来　　②　一个小时　　③　他来了
2　①　睡觉了　　　②　学习了　　　③　上网了

四、中国語で話してみましょう。

以下の質問をクラスメートに聞き、答えてもらいましょう。

1. 一年有几个月？
   Yì nián yǒu jǐ ge yuè?
   _____

2. 一个月有几个星期？
   Yí ge yuè yǒu jǐ ge xīngqī?
   _____

3. 一个星期有几天？
   Yí ge xīngqī yǒu jǐ tiān?
   _____

第八課

你今天下课以后做什么？

学習目標

- 〜したことについて説明できる。
- 「いつからいつまで、どこからどこまで」を尋ね、答えることができる。
- 遠さについて話すことができる。

课文 1

高桥： Gāoqiáo:	你 Nǐ	下课 xiàkè	以后 yǐhòu	做 zuò	什么? shénme?	

李： Lǐ:	我 Wǒ	要 yào	去 qù	打工。 dǎgōng.

高桥： Gāoqiáo:	你 Nǐ	是 shì	从 cóng	什么 shénme	时候 shíhou	开始 kāishǐ	打工 dǎgōng	的? de?

高桥： 你 是 从 什么 时候 开始 打工 的？
Gāoqiáo: Nǐ shì cóng shénme shíhou kāishǐ dǎgōng de?

李： 我 是 从 暑假 开始 打工 的。
Lǐ: Wǒ shì cóng shǔjià kāishǐ dǎgōng de.

高桥： 你 每次 打 几 个 小时 工？
Gāoqiáo: Nǐ měi cì dǎ jǐ ge xiǎoshí gōng?

李： 我 每次 从 晚上 六 点 到 十 点，
Lǐ: Wǒ měi cì cóng wǎnshang liù diǎn dào shí diǎn,

打 四 个 小时 工。
dǎ sì ge xiǎoshí gōng.

新出语句

①	下课	xiàkè	（動＋）	授業が終わる
②	课	kè	（名）	授業（第五課既出）
③	以后	yǐhòu	（方位）	以後、～の後
④	做	zuò	（動）	する、つくる（第七課既出）
⑤	是～的	shì~de		…したのだ
⑥	从	cóng	（前）	～から（時間や空間の起点を表す）
⑦	开始	kāishǐ	（動）	開始する
⑧	每次	měi cì		毎回
⑨	晚上	wǎnshang	（名）	夜、晩
⑩	从～到…	cóng~dào...		～から…まで（起点から終点まで、開始から終了まで）（第七課既出）

ポイント1

1 "是～的"構文　"是"～＋動詞＋"的"　「（どのように～）…したのだ」

すでに起こったことについて、「いつ・どこで・誰が・どのように」など、強調する部分を"是～的"の間に置いて説明する。"是"は省略されることがある。目的語は"的"の前か後に置くことができる。

① 他 是 什么 时候 去 北京 的?　　　　— 他 是 暑假 去 的。
　　Tā shì shénme shíhou qù Běijīng de?　　　Tā shì shǔjià qù de.

② 他（是）在 哪儿 买 的（电脑）?　　　— 他（是）在 新宿 买 的。
　　Tā (shì) zài nǎr mǎi de (diànnǎo)?　　　Tā (shì) zài Xīnsù mǎi de.

③ （这个 菜）是 谁 做 的?　　　　　　— 是 我 妈妈 做 的。
　　(Zhèi ge cài) shì shéi zuò de?　　　　　Shì wǒ māma zuò de.

④ 你 是 怎么 来 学校 的?　　　　　　— 我 是 坐 公交车 来 学校 的。
　　Nǐ shì zěnme lái xuéxiào de?　　　　　 Wǒ shì zuò gōngjiāochē lái xuéxiào de.

> 电脑：パソコン
> 新宿：新宿
> 菜：おかず、料理
> 怎么：どのように

否定の場合、必ず"不是～的"を使う。

⑤ 他 不 是 在 新宿 买 的（电脑）。　　⑥ 我 不 是 坐 地铁 来（学校）的。
　　Tā bú shì zài Xīnsù mǎi de (diànnǎo).　　Wǒ bú shì zuò dìtiě lái (xuéxiào) de.

練習　次の日本語を中国語に訳しましょう。

1　あなたはどうやって新宿へ来たのですか。

2　（このレポートは）私が書いたのではない。　（这个报告）

3　私は去年の夏休みに行ったのです。

4　あなたはどこで北京ダックを食べたのですか。

2 前置詞"从"　"从"A～　「Aから～だ／～する」

"从"で起点を表す。終点を表すのに"到"と組み合わせることもある。

① 汉语 课 从 下午 一 点 半 开始。　　② 他 是 从 美国 来 日本 的。
　　Hànyǔ kè cóng xiàwǔ yì diǎn bàn kāishǐ.　　Tā shì cóng Měiguó lái Rìběn de.

③ 我 从 晚上 六 点 到 九 点 打工。　　④ 从 我 家 到 车站 很 近。
　　Wǒ cóng wǎnshang liù diǎn dào jiǔ diǎn dǎgōng.　　Cóng wǒ jiā dào chēzhàn hěn jìn.

⑤ 我 爸爸 从 早 到 晚 不 在 家。　　⑥ 从 你 家 到 超市 远 不 远?
　　Wǒ bàba cóng zǎo dào wǎn bú zài jiā.　　Cóng nǐ jiā dào chāoshì yuǎn bu yuǎn?

> 从早到晚：朝から晩まで
> 放春假 fàng chūnjià：春休みになる
> 工作 gōngzuò：仕事する、働く

練習　次の中国語を日本語に訳しましょう。

1　我们学校从3月1号到4月3号放春假。

2　我爸爸从早上八点到晚上八点在公司工作。

3　他是从哪儿来的? —他是从上海来的。

課文 2

高桥: 你 在 哪儿 打工？
Gāoqiáo: Nǐ zài nǎr dǎgōng?

李: 我 在 一 家 中国 餐馆 打工。
Lǐ: Wǒ zài yì jiā Zhōngguó cānguǎn dǎgōng.

高桥: 那 家 餐馆 离 学校 远 不 远？
Gāoqiáo: Nèi jiā cānguǎn lí xuéxiào yuǎn bu yuǎn?

李: 不 远，就 在 学校 附近。
Lǐ: Bù yuǎn, jiù zài xuéxiào fùjìn.

高桥: 那 家 餐馆 的 味道 怎么样？
Gāoqiáo: Nèi jiā cānguǎn de wèidao zěnmeyàng?

李: 很 地道，哪 天 你 也 来 尝尝 吧。
Lǐ: Hěn dìdao, něi tiān nǐ yě lái chángchang ba.

新出語句

①	餐馆	cānguǎn	（名）	レストラン（第五課既出）
②	离	lí	（前）	～から、～まで（二点間の距離・時間の隔たり）
③	远	yuǎn	（形）	遠い
④	就	jiù	（副）	すぐ、直ちに、もう、ちょうど
⑤	味道	wèidao	（名）	味（第四課既出）
⑥	地道	dìdao	（形）	正真正銘の、本場の
⑦	哪天	něi tiān/nǎ tiān		いつか、いつの日か

ポイント2

1 前置詞 "离"　A"离"B～　「AはBから（Bまで）～だ」

二点間の空間的、時間的隔たりを表す。

① 我 家 离 超市 很 近。
　　Wǒ jiā lí chāoshì hěn jìn.

② （现在） 离 放 春假 还 有 一 个 星期。
　　(Xiànzài) lí fàng chūnjià hái yǒu yí ge xīngqī.

③ 咖啡馆 离 车站 不 太 远。
　　Kāfēiguǎn lí chēzhàn bú tài yuǎn.

④ 中国 餐馆 离 学校 不 远。
　　Zhōngguó cānguǎn lí xuéxiào bù yuǎn.

⑤ 你 家 离 车站 远 不 远?
　　Nǐ jiā lí chēzhàn yuǎn bu yuǎn?

⑥ 便利店 离 学校 远 吗?
　　Biànlìdiàn lí xuéxiào yuǎn ma?

練習　次の日本語を中国語に訳しましょう。

1　私の家は駅から近いです。

2　旧正月までまだ三週間あります。

3　あなたの家はスーパーから遠いですか。

> 春节 Chūnjié：中国の旧正月

2 動詞の重ね型　「ちょっと～する」「（試しに）～してみる」

動詞をくりかえすことで、動作の行われる時間の短いこと、動作が気楽に行われること、試みにやってみることなどを表す。

単音節動詞の重ね型　※動詞の間に "一" をはさむことがある。

看（一）看　　　　等（一）等　　　　尝（一）尝　　　　试（一）试
kàn(yi)kan　　　děng(yi)deng　　cháng(yi)chang　　shì(yi)shi

① 这 本 杂志 很 好，你 看看。
　　Zhèi běn zázhì hěn hǎo, nǐ kànkan.

② 咱们 去 咖啡馆 坐坐 吧。
　　Zánmen qù kāfēiguǎn zuòzuo ba.

二音節動詞の重ね型

休息休息　　　　商量商量　　　　介绍介绍
xiūxixiuxi　　　shāngliangshangliang　　jièshàojieshao

③ 咱们 商量商量 吧。
　　Zánmen shāngliangshangliang ba.

④ 星期天 在 家 休息休息 吧。
　　Xīngqītiān zài jiā xiūxixiuxi ba.

動詞の後に "一下" を加えても、重ね型と同様の意味を表す。

看一下　　　　等一下　　　　介绍一下
kàn yíxià　　děng yíxià　　jièshào yíxià

> 试：試す
> 杂志：雑誌
> 休息：休む
> 商量：相談する
> 回 huí：帰る
> 请 qǐng：どうぞ～してください
> 文化 wénhuà：文化

練習　下線部に "尝、休息、看、介绍" の重ね型を入れ、日本語に訳しましょう。

1　你回家_____吧。

2　请你_____这本小说。

3　我想_____上海小笼包。

4　请你_____日本的文化。

総合練習

一、発音練習と聞き取り

発音を練習しましょう。　　　　　　　　　　　　　　　　　　　　　　V 8-⑤
1　下课以后　　　2　从暑假开始　　　3　味道很地道

聞き取ってピンインを完成しましょう。　　　　　　　　　　　　　　　V 8-⑥
1　___ěi t___　　2　měi___　　3　c___g___
　　哪天　　　　　　　每次　　　　　　餐馆

二、下線部を入れ換えて、練習しましょう。

1　A：你家离学校远吗？
　　　　Nǐ jiā lí xuéxiào yuǎn ma?

　　B：我家离学校很远，你家呢？
　　　　Wǒ jiā lí xuéxiào hěn yuǎn, nǐ jiā ne?

　　A：我家离学校也很远，坐电车要两个小时。
　　　　Wǒ jiā lí xuéxiào yě hěn yuǎn,
　　　　zuò diànchē yào liǎng ge xiǎoshí.

　　B：是吗？太远了。
　　　　Shì ma? Tài yuǎn le.

★东京车站／一个半小时
　Dōngjīng chēzhàn yí ge bàn xiǎoshí

★新宿／两个小时二十分钟
　Xīnsù liǎng ge xiǎoshí èrshí fēnzhōng

电车：電車

2　A：你是从哪里来的？
　　　　Nǐ shì cóng nǎli lái de?

　　B：我是从北京来的。
　　　　Wǒ shì cóng Běijīng lái de.

　　A：你是从什么时候开始学的日语？
　　　　Nǐ shì cóng shénme shíhou kāishǐ xué de Rìyǔ?

　　B：我是从去年八月开始学的日语。
　　　　Wǒ shì cóng qùnián bāyuè kāishǐ xué de Rìyǔ.

★香港／前年　暑假
　Xiānggǎng qiánnián shǔjià

★台湾／二〇一五年
　Táiwān Èr líng yī wǔ nián

日语：日本語
香港：香港
台湾：台湾

三、録音を聞いて、適切な答えを①～③から選びましょう。　　V 8-⑦

1　①　去喝咖啡了　　②　去买礼物了　　③　去花店了
2　①　四个小时　　　②　十个小时　　　③　十四个小时

四、次の文を中国語に訳し、答えましょう。

1 あなたは毎日放課後何をしますか。

問_____ 答_____

2 あなたの趣味は何ですか。ちょっと紹介してください。

問_____ 答_____

3 あなたの家は学校から遠いですか。

問_____ 答_____

4 あなたは何日から何日まで上海に行ったのですか。

問_____ 答_____

五、以下の会話文を完成し、クラスメートと練習しましょう。

1 A：暑假你去哪儿了？

B：我去_____了。

A：你是和谁一起去的？

B：我是和_____一起去的。

★中国／家人
Zhōngguó jiārén

★韩国／同学
Hánguó tóngxué

家人：家族
同学：クラスメート
涩谷：渋谷

2 A：你家离_____远不远？

B：不太远。

A：从你家到_____要多长时间？

B：要_____左右。

★学校／半个小时
xuéxiào bàn ge xiǎoshí

★涩谷／四十分钟
Sègǔ sìshífēnzhōng

六、文章を読んで、作文してみましょう。　　　　　　　　　　V 8-⑧

1 　　李燕下课以后去打工，她在一家中国餐馆打工，她是从暑假开始打工的。她从晚上六点到十点，打四个小时工。中国餐馆离李燕的学校不远，就在学校附近。那家餐馆的味道很地道。

2 　你每天下课以后做什么？

_____

_____

コラム "的"の使い方

名詞の前の修飾語と"的"～「様々な語(句)＋"的"＋被修飾語となる名詞(句)」

一、"的"を用いる組み合わせ

① 名詞/人称代名詞＋"的"＋被修飾語

年轻人 的 偶像（若者のアイドル）
niánqīngrén de ǒuxiàng

我 的 手机（私の携帯電話）
wǒ de shǒujī

② 動詞/動詞フレーズ＋"的"＋被修飾語

学 汉语 的 人（中国語を学ぶ人）
xué Hànyǔ de rén

妈妈 做 的 饭（母が作った料理）
māma zuò de fàn

他们 在 外滩 拍 的 夜景（彼らがバンドで撮影した夜景）
tāmen zài Wàitān pāi de yèjǐng

③ 二音節形容詞/形容詞フレーズ＋"的"＋被修飾語

漂亮 的 衣服（きれいな服）
piàoliang de yīfu

很 好 的 朋友（とてもよい友達）
hěn hǎo de péngyou

※修飾を受ける名詞が文脈でわかる場合は省略OK

这 是 他 的 手机，不 是 我 的（手机）。（これは彼の携帯電話で、私のではない。）
Zhè shì tā de shǒujī, bú shì wǒ de (shǒujī).

二、"的"の省略が可能な組み合わせ

人称代名詞＋("的")＋親族・人間関係・所属先（被修飾語）

我 妈妈（私の母）
wǒ māma

我们 老师（私たちの先生）
wǒmen lǎoshī

你们 学校（あなた方の学校）
nǐmen xuéxiào

三、"的"を用いない組み合わせ

① 名詞＋被修飾語（名詞が被修飾語の性質を表していたり、固定化した組み合わせ）

汉语 老师（中国語教師）
Hànyǔ lǎoshī

经济 学院（経済学部）
jīngjì xuéyuàn

智能 手机（スマートフォン）
zhìnéng shǒujī

② 単音節の形容詞＋被修飾語

新 同学（新入生）
xīn tóngxué

老 朋友（昔からの友人）
lǎo péngyou

热 咖啡（ホットコーヒー）
rè kāfēi

③ （指示代名詞＋）数詞＋量詞＋被修飾語

两 本 词典（2冊の辞典）
liǎng běn cídiǎn

这 两 个 留学生（この2人の留学生）
zhè liǎng ge liúxuéshēng

◆修飾関係に注意して日本語に訳してみましょう！

这 两 本 汉语 词典 都 是 我 的 一 个 好 朋友 去年 在 北京 买 的。
Zhè liǎng běn Hànyǔ cídiǎn dōu shì wǒ de yí ge hǎo péngyou qùnián zài Běijīng mǎi de.

第七、八課　応用練習

一、音声を聞いて、ピンインと簡体字を書き取りましょう。

1 _____　2 _____　3 _____　4 _____　5 _____

6 _____　7 _____　8 _____　9 _____　10 _____

二、音声を聞いて、簡体字と日本語訳を書きましょう。

1 _____

2 _____

3 _____

4 _____

5 _____

三、次の日本語を中国語に訳しましょう。

1　あなたはこの映画を見たことがありますか。

2　小籠包を買う人が多くて、私は一時間待った。

3　あなたは北京ダックを何回食べたことがありますか。

4　バンドは私の家から遠くありません。そこの夜景は綺麗です。

5　あなたはいつから中国語を勉強し始めたのですか。

読解

《「暑假你去哪儿了？」》

暑假结束了，李燕和山本一见面就互相问对方："暑假你去哪儿了？"、"暑假你做什么了？"

山本暑假去北京了。他参观了故宫、天坛还有颐和园，当然也去爬了长城。不过他没有去上海，李燕去过一次。她说上海很漂亮，外滩的夜景也非常迷人。她还说豫园的小笼包很有名，非常受欢迎。她去吃的时候，排了一个小时队。

李燕是从暑假开始在一家中国餐馆打工的。这家餐馆离学校不远，她下了课就去打工，每次从晚上六点到十点打四个小时工。因为这家餐馆的味道很地道，又在学校附近，所以李燕希望山本有时间来尝尝。

生词

①	结束	jiéshù	（動）	終わる	⑦	参观	cānguān	（動）	見学する、参観する
②	一～就…	yī~jiù…		～するとすぐ…
③	见面	jiànmiàn	（動+）	会う	⑧	说	shuō	（動）	言う、話す
④	互相	hùxiāng	（副）	お互いに	⑨	因为	yīnwèi	（接）	…なので
⑤	问	wèn	（動）	問う、質問する	⑩	又	yòu	（副）	また
					⑪	所以	suǒyǐ	（接）	だから
⑥	对方	duìfāng	（名）	相手	⑫	希望	xīwàng	（動）	望む、希望する

内容に基づいて、質問に答えましょう。

1. 山本暑假参观了什么地方？
2. 山本去过上海吗？
3. 上海怎么样？
4. 李燕是从什么时候开始打工的？
5. 李燕希望山本做什么？

第九課

学园节

学習目標

- 「〜ができる」と言うことができる。
- 「今〜している」と言うことができる。
- 「〜してもいい」と言うことができる。

课文 1

山本: 你 会 包 饺子 吗?
Shānběn: Nǐ huì bāo jiǎozi ma?

李: 当然 会。 我 经常 包。
Lǐ: Dāngrán huì. Wǒ jīngcháng bāo.

山本: 你 能 教教 我 吗?
Shānběn: Nǐ néng jiāojiao wǒ ma?

李: 没 问题。 你 什么 时候 有 空儿?
Lǐ: Méi wèntí. Nǐ shénme shíhou yǒu kòngr?

山本: 明天 怎么样?
Shānběn: Míngtiān zěnmeyàng?

周末 的 学园节, 我们 打算 卖 饺子。
Zhōumò de Xuéyuánjié, wǒmen dǎsuàn mài jiǎozi.

李: 来得及 吗? 你们 还是 卖 冷冻 的 吧。
Lǐ: Láidejí ma? Nǐmen háishi mài lěngdòng de ba.

新出语句

①	会	huì	(助動)	～することができる、～するだろう、～するはずだ
②	包	bāo	(動)	包む
③	饺子	jiǎozi	(名)	ギョーザ
④	经常	jīngcháng	(副)	常に、いつも
⑤	能	néng	(助動)	～することができる
⑥	教	jiāo	(動)	教える
⑦	周末	zhōumò	(名)	週末
⑧	学园节	Xuéyuánjié	(名)	学園祭
⑨	打算	dǎsuàn/dǎsuan	(動)	～するつもりだ
⑩	卖	mài	(動)	売る
⑪	来得及	láidejí		間に合う
⑫	还是	háishi	(副)	やはり
⑬	冷冻	lěngdòng	(動)	冷凍する

ポイント 1

1 助動詞 "会"　"会"＋動詞（＋目的語）「〜できる」

学習や練習を通して習得して「〜できる」という場合に用いる。

① 我 会 打 网球。
　Wǒ huì dǎ wǎngqiú.

② 我 姐姐 会 说 英语。
　Wǒ jiějie huì shuō Yīngyǔ.

"不会"＋動詞（＋目的語）「〜できない」

③ 我 不 会 游泳。
　Wǒ bú huì yóuyǒng.

④ 他 不 会 开车。
　Tā bú huì kāichē.

⑤ 你 会 唱 中国 歌 吗?
　Nǐ huì chàng Zhōngguó gē ma?

⑥ 你 会 不 会 做菜?
　Nǐ huì bu huì zuòcài?

游泳：泳ぐ、水泳する
开车：車を運転する
唱：歌う
歌：歌
做菜：料理を作る
下雨：雨が降る

※ "会" には「〜するだろう、〜するはずだ」と可能性を表す用法もある。

⑦ 明天 会 下雨 吗?
　Míngtiān huì xiàyǔ ma?

⑧ 他 今天 没有 课，不 会 来 学校。
　Tā jīntiān méiyǒu kè, bú huì lái xuéxiào.

練習　次の日本語を中国語に訳しましょう。

1　あなたは水泳ができますか。（反復疑問文）＿＿＿＿＿＿＿＿＿＿
2　私の父は中国語を話すことができます。＿＿＿＿＿＿＿＿＿＿
3　あなたのお母さんは中国料理を作ることができますか。＿＿＿＿＿＿＿＿＿＿
4　今夜は雨が降る可能性がありますか。＿＿＿＿＿＿＿＿＿＿

2 助動詞 "能"　"能"＋動詞（＋目的語）「〜できる」

元々持っている能力や「どれぐらい〜できる」と能力のレベルについていう場合、また、客観的条件により「〜できる」という場合にも用いる。

① 山本 能 唱 七、八 首 中国 歌。
　Shānběn néng chàng qī, bā shǒu Zhōngguó gē.

② 她 能 游 两 千 米。
　Tā néng yóu liǎng qiān mǐ.

③ 下午 我 有 时间，我 能 去 你 家 玩儿。
　Xiàwǔ wǒ yǒu shíjiān, wǒ néng qù nǐ jiā wánr.

④ 图书馆 里 能 上网。
　Túshūguǎn li néng shàngwǎng.

首：詩や歌などを数える
游：泳ぐ
米：メートル
事：用事
可是 kěshì：しかし
酒：酒

"不能"＋動詞（＋目的語）「〜できない」「（できないので）〜してはいけない」

⑤ 她 后天 有 事，不 能 来。
　Tā hòutiān yǒu shì, bù néng lái.

⑥ 你 喝 酒 了，不 能 开车。
　Nǐ hē jiǔ le, bù néng kāichē.

⑦ 下 个 星期六 你们 能 不 能 来?
　Xià ge xīngqīliù nǐmen néng bu néng lái?

⑧ 你 能 游 多少 米?
　Nǐ néng yóu duōshao mǐ?

練習　"能" または "会" を入れましょう。

1　我＿＿＿＿游泳，我＿＿＿＿游一千米。
2　我＿＿＿＿开车。可是我喝酒了，不＿＿＿＿开车。
3　山本＿＿＿＿说汉语，还＿＿＿＿唱十首中国歌。

9　学园节

課文 2

高桥:	听说 你 现在 在 学 茶道 呢。
Gāoqiáo:	Tīngshuō nǐ xiànzài zài xué chádào ne.

李:	是 啊， 我 对 日本 文化 很 感 兴趣。
Lǐ:	Shì a, wǒ duì Rìběn wénhuà hěn gǎn xìngqù.

高桥:	学园节 你们 有 什么 活动?
Gāoqiáo:	Xuéyuánjié nǐmen yǒu shénme huódòng?

李:	我们 打算 办 茶会。
Lǐ:	Wǒmen dǎsuàn bàn cháhuì.

高桥:	我 可以 去 看看 吗?
Gāoqiáo:	Wǒ kěyǐ qù kànkan ma?

李:	当然 可以， 非常 欢迎。
Lǐ:	Dāngrán kěyǐ, fēicháng huānyíng.

新出語句

①	现在	xiànzài	（名）	今（第五課既出）
②	在	zài	（副）	～しているところだ
③	茶道	chádào	（名）	茶道
④	呢	ne	（助）	「今～という状況だ」という語気を表す
⑤	是啊	shì a		そう、その通りだ
⑥	对	duì	（前）	～に対して
⑦	文化	wénhuà	（名）	文化（第八課既出）
⑧	感	gǎn	（動）	感じる
⑨	兴趣	xìngqù	（名）	興味、趣味、関心
⑩	活动	huódòng	（名）	活動
⑪	办	bàn	（動）	する、行う
⑫	茶会	cháhuì	（名）	茶会
⑬	可以	kěyǐ	（助動）	～してかまわない、～ができる
⑭	欢迎	huānyíng	（動）	歓迎する

ポイント 2

1 動作の進行　"(正)在"＋動詞(＋目的語)＋("呢")　「(ちょうど)〜している(ところだ)」

動詞の前に副詞"在"を加え、動作の進行を表す。「ちょうど」という意味で"正"を加えたり、文末に"呢"を置くこともある。

① 铃木 在 吃 饭。
　Língmù zài chī fàn.

② 他 正 在 写 报告。
　Tā zhèng zài xiě bàogào.

③ 我 在 听 音乐 呢。
　Wǒ zài tīng yīnyuè ne.

④ 他们 正 在 上课 呢。
　Tāmen zhèng zài shàngkè ne.

> 正：ちょうど
> 打：（電話を）かける
> 电话：電話

"没(有)"＋(在)＋動詞(＋目的語)　「〜していない」　※"在"は省略もできる。

⑤ 我 没 (在) 看 电视。
　Wǒ méi (zài) kàn diànshì.

⑥ 他 没 (在) 打 电话。
　Tā méi (zài) dǎ diànhuà.

⑦ 你 在 做 什么 呢？
　Nǐ zài zuò shénme ne?

⑧ 你 在 写 作业 吗？
　Nǐ zài xiě zuòyè ma?

練習　次の日本語を中国語に訳しましょう。

1　私はちょうど宿題をしているところです。

2　彼らはサッカーをしていません。

3　私たちは中国語を学んでいるところです。

4　あなたはテレビを見ているところですか。

2 助動詞 "可以"　"可以"＋動詞(＋目的語)　「〜してもよい」「〜してかまわない」「〜できる」

許可を表す場合や条件が整っていて可能である場合に用いる。

① 这儿 可以 照相。
　Zhèr kěyǐ zhàoxiàng.

② 我 可以 参加 你们 的 茶会 吗？
　Wǒ kěyǐ cānjiā nǐmen de cháhuì ma?

③ 星期天 去，可以 吗？
　Xīngqītiān qù, kěyǐ ma?

④ 明天 我 休息，可以 去 你 家 玩儿。
　Míngtiān wǒ xiūxi, kěyǐ qù nǐ jiā wánr.

"不可以"＋動詞(＋目的語)　「〜してはいけない」

⑤ 这儿 不 可以 吸烟。
　Zhèr bù kěyǐ xīyān.

⑥ 上课 的 时候，不 可以 玩儿 手机。
　Shàngkè de shíhou, bù kěyǐ wánr shǒujī.

> 照相：写真を撮る
> 参加：参加する
> 吸烟：たばこを吸う

練習　次の中国語を日本語に訳しましょう。

1　图书馆里不可以吸烟。

2　这个周末可以去你家玩儿吗？

3　我可以和你一起照相吗？

総合練習

一、発音練習と聞き取り

発音を練習しましょう。

1 很感兴趣　　2 日本文化　　3 打算做什么

聞き取ってピンインを完成しましょう。

1 ＿＿īng＿＿áng　　2 l＿＿d＿＿　　3 ＿＿áide＿＿
　　经常　　　　　　　　冷冻　　　　　　　来得及

二、下線部を入れ換えて、練習しましょう。

1　A：你会包饺子吗?
　　　Nǐ huì bāo jiǎozi ma?

　　B：当然会，我经常包，你呢?
　　　Dāngrán huì, wǒ jīngcháng bāo, nǐ ne?

　　A：我不会。你能教我吗?
　　　Wǒ bú huì. Nǐ néng jiāo wǒ ma?

　　B：没问题。
　　　Méi wèntí.

★弹 钢琴 ／ 打 乒乓球
　tán gāngqín　dǎ pīngpāngqiú

弹：弹く
钢琴：ピアノ
乒乓球：卓球

2　A：你想去美国吗?
　　　Nǐ xiǎng qù Měiguó ma?

　　B：当然想去，我现在在学英语呢。
　　　Dāngrán xiǎng qù, wǒ xiànzài zài xué Yīngyǔ ne.

　　A：你对美国文化感兴趣吗?
　　　Nǐ duì Měiguó wénhuà gǎn xìngqù ma?

　　B：对，我对美国电影很感兴趣。
　　　Duì, wǒ duì Měiguó diànyǐng hěn gǎn xìngqù.

★日本 ／ 日语 ／ 日本动漫
　Rìběn　Rìyǔ　Rìběn dòngmàn

三、録音を聞いて、適切な答えを①〜③から選びましょう。

1　① 不会　　② 会　　③ 不太会
2　① 饺子　　② 冷冻饺子　　③ 小笼包

四、次の質問を中国語に訳し、答えましょう。

1　あなたは中国語が話せますか。

　　问 _____　　答 _____

2　明日、あなたは来られますか。

　　问 _____　　答 _____

3　あなたは今、何を学んでいますか。

　　问 _____　　答 _____

4　私はあなたたちの学園祭を見に行ってよろしいですか。

　　问 _____　　答 _____

五、以下の会話文を完成し、クラスメートと練習しましょう。

1　A：你会_____吗？
　　B：当然会，我还会_____ _____呢。
　　　　你呢？
　　A：我不会。你能教我吗？
　　B：没问题。

★唱歌／唱中国歌
　chànggē　chàng Zhōngguó gē

★跳舞／跳日本舞
　tiàowǔ　tiào Rìběn wǔ

2　A：听说你在学_____。
　　B：是啊，我对_____很感兴趣。
　　A：你去过_____吗？
　　B：没去过，我打算_____去_____。

★韩语／韩国电视剧／韩国
　Hányǔ　Hánguó diànshìjù　Hánguó

跳舞：踊る、ダンスをする
韩语：韓国語
电视剧：テレビドラマ

六、文章を読んで、作文してみましょう。

1　　周末的学园节，山本和他的朋友打算卖饺子。不过，山本不会包饺子，李燕会包，她能教山本。李燕对日本文化非常感兴趣，她现在在学习茶道，还打算在学园节办茶会。

2　学园节，你们打算做什么？

_____

_____

_____

コラム "在"の使い分け

"在"のいろいろな用い方～動詞・前置詞・副詞の3種の品詞に該当する。

一、動詞としての"在"「存在する」「(ドコに)いる/ある」

特定の人/モノ+"在"+場所 「特定の人/モノがある場所にいる/ある」

 她在体育馆。 Tā zài tǐyùguǎn.   (彼女は体育館にいる。)
 我家在学校附近。 Wǒ jiā zài xuéxiào fùjìn.   (我が家は学校の近くにある。)

否定："不"を"在"の前に置く。 她不在体育馆。 我家不在学校附近。

二、前置詞としての"在"「ドコで(～する)」

"在"+場所+動詞 動作・行為が行われる場所を示すのに用いる。

 他们在中国学汉语。 Tāmen zài Zhōngguó xué Hànyǔ. (彼らは中国で中国語を学ぶ。)
 我爸爸在公司工作。 Wǒ bàba zài gōngsī gōngzuò. (私の父は会社で働く。)

否定："不／没（有）"を"在"の前に置く。

 他们不／没（有）在中国学汉语。 Tāmen bú/méi(you) zài Zhōngguó xué Hànyǔ.
 (彼らは中国で中国語を学ばない／学ばなかった。)

 星期三我爸爸不／没（有）在公司工作。 Xīngqīsān wǒ bàba bú/méi(you) zài gōngsī gōngzuò.
 (水曜日私の父は会社で働かない／働かなかった。)

※助動詞も普通は"在"の前に置く。

 我不想在学生食堂吃饭。 Wǒ bù xiǎng zài xuéshēng shítáng chī fàn.
 (私は学食で食事したくない。)

 你能不能在图书馆等我？ Nǐ néng bu néng zài túshūguǎn děng wǒ?
 (あなたは図書館で私を待っていてくれますか。)

三、副詞としての"在"「～しているところだ」

「"在"+動詞(＋目的語)+("呢")」「～している」動作の進行を表す。

 我在学习英语呢。 Wǒ zài xuéxí Yīngyǔ ne. (私は英語を学んでいるところだ。)
 我妹妹在弹钢琴呢。 Wǒ mèimei zài tán gāngqín ne. (私の妹はピアノを弾いているところだ。)

否定："没（有）"を動詞の前に置き、"在"は省略できる。

 我没有在学习英语。 Wǒ méiyou zài xuéxí Yīngyǔ. (私は英語を勉強していない。)
 我妹妹没弹钢琴，她在看电视。 Wǒ mèimei méi tán gāngqín, tā zài kàn diànshì.
 (私の妹はピアノを弾いているのではなく、テレビを見ている。)

※「ドコで～しているところだ。」

 她们在体育馆打乒乓球呢。 Tāmen zài tǐyùguǎn dǎ pīngpāngqiú ne.
 (彼女たちは体育館で卓球をしているところだ。)

第十課

告诉你一个好消息

学習目標

- 病気など心配事を気にかけることができる。
- ことが順調に運ぶように促すことができる。
- 結果を尋ね、相手を褒めることができる。

課文 1

铃木： 感冒 好 了 吗？
Língmù: Gǎnmào hǎo le ma?

山本： 已经 好 了。天气 冷 了，你 也 要 注意 别 感冒。
Shānběn: Yǐjīng hǎo le. Tiānqì lěng le, nǐ yě yào zhùyì bié gǎnmào.

铃木： 谢谢！对 了，告诉 你 一 个 好 消息，笔试 不 考 了。
Língmù: Xièxie! Duì le, gàosu nǐ yí ge hǎo xiāoxi, bǐshì bù kǎo le.

山本： 太 好 了！不过 我们 还 得 准备 口试 啊。
Shānběn: Tài hǎo le! Búguò wǒmen hái děi zhǔnbèi kǒushì a.

铃木： 当然 啦。
Língmù: Dāngrán la.

好好儿 准备 一下 自我 介绍 吧。
Hǎohāor zhǔnbèi yíxià zìwǒ jièshào ba.

山本： 我 正 在 准备 呢。
Shānběn: Wǒ zhèng zài zhǔnbèi ne.

新出語句

①	感冒	gǎnmào	（名／動）	風邪（をひく）
②	了	le	（助）	～になる、～になった
③	已经	yǐjīng	（副）	すでに、もう
④	天气	tiānqì	（名）	天気
⑤	冷	lěng	（形）	寒い
⑥	注意	zhùyì	（動）	注意する
⑦	别	bié	（副）	～しないように
⑧	对了	duìle		そうだ
⑨	告诉	gàosu	（動）	伝える
⑩	消息	xiāoxi	（名）	知らせ
⑪	笔试	bǐshì	（名）	筆記試験
⑫	考	kǎo	（動）	試験する
⑬	得	děi	（助動）	～しなければならない
⑭	准备	zhǔnbèi	（動）	準備する
⑮	口试	kǒushì	（名）	口頭試験
⑯	啊	a	（助）	注意を促したり念を押したりするときに用いる
⑰	啦	la	（助）	"了"+"啊"語気を強める、「～だよ」
⑱	好好儿	hǎohāor		よく、しっかりと、十分に
⑲	自我介绍	zìwǒ jièshào		自己紹介

ポイント 1

1 変化を表す"了"「～になる、～になった」

文末に置き、状況の変化や新しい事態の発生を表す。

動詞（"是、有"など）（＋目的語）＋"了"

① 他 有 女 朋友 了。
　 Tā yǒu nǚ péngyou le.

② 他 是 大学生 了。
　 Tā shì dàxuéshēng le.

形容詞＋"了"　　名詞／数量詞＋"了"

③ 天气 暖和 了。
　 Tiānqì nuǎnhuo le.

④ 我 今年 二十 岁 了。
　 Wǒ jīnnián èrshí suì le.

"不"＋動詞（＋目的語）＋"了"「～するのをやめる、～しないことにする」

⑤ 这 个 太 贵，我 不 买 了。
　 Zhèi ge tài guì, wǒ bù mǎi le.

⑥ 明天 我 不 能 去 你 家 了。
　 Míngtiān wǒ bù néng qù nǐ jiā le.

> 女朋友：ガールフレンド、彼女
> 暖和：暖かい
> 男朋友 nánpéngyou：ボーイフレンド、彼氏

練習 次の日本語を中国語に訳しましょう。

1　天気が良くなった。

2　彼女にボーイフレンドができた。

3　私は食べないことにした。

2 目的語を2つ取れる動詞　主語＋動詞＋人＋もの

一部の動詞は二つの目的語をもつことができる。

① 张 老师 教 我们 汉语。
　 Zhāng lǎoshī jiāo wǒmen Hànyǔ.

② 他 告诉了 我 他 的 手机 号码。
　 Tā gàosule wǒ tā de shǒujī hàomǎ.

③ 我 可以 问 您 一 个 问题 吗?
　 Wǒ kěyǐ wèn nín yí ge wèntí ma?

④ 我 给 你 一 张 电影 票。
　 Wǒ gěi nǐ yì zhāng diànyǐng piào.

> 手机号码：携帯電話の番号
> 问题：問題
> 给：与える、あげる、くれる
> 张：（平面を持つもの）〜枚
> 票：チケット

練習 日本語に合わせて並べ替えましょう。

1　あなたは彼に何のプレゼントをあげたいの？
　（给／你／什么／想／礼物／他／？）

2　誰があなたたちに英語を教えるの？
　（你们／谁／英语／教／？）

3　私はあなたに一つの質問を聞いていいですか。
　（我／问题／问／您／一个／可以／吗／？）

★ 禁止を表す"别～"　"别"＋動詞フレーズ（＋"了"）「～するな、しないで、（～をやめて）」

别 迟到。　　　别 玩儿 手机。　　　别 说话。　　　别 哭 了。
Bié chídào.　　Bié wánr shǒujī.　　Bié shuōhuà.　　Bié kū le.

> 迟到：遅刻する　说话：話す　哭：泣く

課文 2

李： 你 这 次 考得 怎么样？
Lǐ： Nǐ zhèi cì kǎode zěnmeyàng?

山本： 还 可以。 我 觉得 这 次 比 上 次 容易。
Shānběn： Hái kěyǐ. Wǒ juéde zhèi cì bǐ shàng cì róngyì.

李： 那 是 因为 你 的 汉语 比 以前 好 多 了。
Lǐ： Nà shì yīnwèi nǐ de Hànyǔ bǐ yǐqián hǎo duō le.

山本： 哪里哪里。
Shānběn： Nǎli nǎli.

李： 多 听 多 说 就 能 说得 更 好。
Lǐ： Duō tīng duō shuō jiù néng shuōde gèng hǎo.

山本： 那 你 以后 多 教教 我 吧。
Shānběn： Nà nǐ yǐhòu duō jiāojiao wǒ ba.

新出語句

①	这次	zhèi cì		今回
②	得	de	（助）	～するのが…
③	还可以	hái kěyǐ		まあまあだ（第一課既出）
④	比	bǐ	（前）	～より、～に比べて
⑤	上次	shàng cì		前回
⑥	容易	róngyì	（形）	簡単だ（第三課既出）
⑦	因为	yīnwèi	（接）	～なので（第七、八応用練習既出）
⑧	以前	yǐqián	（方位）	以前
⑨	多了	duō le		ずっと
⑩	哪里哪里	nǎli nǎli		いえいえ（第一課既出）
⑪	多	duō	（形）	多い ※"多"+動詞（たくさん～する）
⑫	就	jiù	（副）	（～すれば）すぐ…
⑬	更	gèng	（副）	更に

ポイント 2

1 様態補語　動詞＋"得"＋様態補語（形容詞など）　「～するのが～だ」

動詞の後に"得"を置き、その直後に形容詞などをつけ、動作の様子や程度を表す。否定の場合、"得"の後ろの補語の部分を否定する。

① 她 睡得 非常 晚。
　Tā shuìde fēicháng wǎn.

② 她 吃得 不 多。
　Tā chīde bù duō.

③ 我 说得 不 太 流利。
　Wǒ shuōde bú tài liúlì.

④ 他 起得 早 吗？
　Tā qǐde zǎo ma?

⑤ 你 上 次 考得 好 不 好？
　Nǐ shàng cì kǎode hǎo bu hǎo?

目的語がある場合：（動詞＋）目的語＋動詞＋"得"＋様態補語

⑥ 他（说）汉语 说得 很 流利。
　Tā (shuō) Hànyǔ shuōde hěn liúlì.

⑦ 她（打）网球 打得 怎么样？
　Tā (dǎ) wǎngqiú dǎde zěnmeyàng?

睡：寝る
晚：遅い
流利：流ちょうな
起：起きる
早：早い
跑 pǎo：走る
快 kuài：速い

練習　日本語に合わせて下線部を埋めましょう。

1　彼は走るのがあまり速くない。　　　　　他_____ _____不太快。

2　彼女は昨晩寝るのが遅かった。　　　　　她昨天晚上_____ _____ _____晚。

3　山本さんは、歌が(歌を歌うのが)上手だ。　山本歌_____ _____很_____。

2 比較表現

A ＋"比"＋ B ＋形容詞（＋比較の差）　「A は B より〈どれくらい〉～だ」

① 北海道 的 夏天 比 东京 凉快。
　Běihǎidào de xiàtiān bǐ Dōngjīng liángkuai.

② 姐姐 比 我 大 两 岁。
　Jiějie bǐ wǒ dà liǎng suì.

③ 她 比 她 妈妈 高 一点儿。
　Tā bǐ tā māma gāo yìdiǎnr.

④ 我 的 手机 比 你 的 便宜 多 了。
　Wǒ de shǒujī bǐ nǐ de piányi duō le.

A ＋"没有"＋ B ＋形容詞　「A は B ほど～でない」

⑤ 东京 没有 北海道 凉快。
　Dōngjīng méiyou Běihǎidào liángkuai.

⑥ 这 次 考试 没有 上 次 难。
　Zhèi cì kǎoshì méiyou shàng cì nán.

夏天：夏
凉快：涼しい
高：高い
一点儿：少し
A 比 B ～多了：
　A は B より
　ずっと～

練習　日本語に合わせて下線部を埋めましょう。

1　このパソコンは私のより一万円高い。　　這个电脑_____我的_____ _____。

2　この料理はあの料理よりずっとおいしい。　这个菜_____那个菜_____ _____。

3　今日は昨日より少し暖かい。　　　　　　今天_____昨天_____ _____。

4　彼女の中国語はあなたほど上手でない。　　她的汉语_____你的_____。

総合練習

一、発音練習と聞き取り

発音を練習しましょう。 V 10-⑤
1 四十四岁了　　2 教我们汉语　　3 我比她大

聞き取ってピンインを完成しましょう。 V 10-⑥
1 yǐ____　　2 ____yì　　3 gào____
　　以前　　　　注意　　　　告诉

二、下線部を入れ換えて、練習しましょう。

1　A：天气<u>热</u>了。
　　　　Tiānqì <u>rè</u> le.

　　B：可以去<u>游泳</u>了。
　　　　Kěyǐ qù <u>yóuyǒng</u> le.

　　A：咱们去哪儿啊?
　　　　Zánmen qù nǎr a?

　　B：去<u>游泳池</u>吧。
　　　　Qù <u>yóuyǒngchí</u> ba.

★冷／滑雪／北海道
　lěng　huáxuě　Běihǎidào

游泳池：プール
滑雪：スキーをする

2　A：(彼女の写真を見せながら)
　　　　你<u>大</u>还是她<u>大</u>?
　　　　Nǐ <u>dà</u> háishi tā <u>dà</u>?

　　B：我比她<u>大</u>。
　　　　Wǒ bǐ tā <u>dà</u>.

　　A：你比她<u>大几岁</u>?
　　　　Nǐ bǐ tā <u>dà jǐ suì</u>?

　　B：我比她<u>大两岁</u>。
　　　　Wǒ bǐ tā <u>dà liǎng suì</u>.

★高／五公分
　gāo　wǔ gōngfēn

公分：センチメートル

三、録音を聞いて、適切な答えを①～③から選びましょう。 V 10-⑦

1　① 这次难　　② 上次难　　③ 上次不难
2　① 音乐　　　② 汉语　　　③ 英语

四、次の質問を中国語に訳し、答えましょう。

1 風邪はよくなった？

问＿＿＿＿＿＿＿＿＿＿＿＿＿＿　答＿＿＿＿＿＿＿＿＿＿＿＿＿＿

2 誰があなたに伝えたのですか。

问＿＿＿＿＿＿＿＿＿＿＿＿＿＿　答＿＿＿＿＿＿＿＿＿＿＿＿＿＿

3 中国語の教科書は英語の教科書より高いですか。

问＿＿＿＿＿＿＿＿＿＿＿＿＿＿　答＿＿＿＿＿＿＿＿＿＿＿＿＿＿

4 あなたは英語を話すのがうまいですか。

问＿＿＿＿＿＿＿＿＿＿＿＿＿＿　答＿＿＿＿＿＿＿＿＿＿＿＿＿＿

五、以下の会話文を完成し、クラスメートと練習しましょう。

1 A：＿＿＿＿你怎么没来？

B：我感冒了。

A：已经好了吗？

B：＿＿＿＿＿＿。谢谢！

2 A：这个包＿＿＿＿那个包贵吗？

B：这个包＿＿＿＿那个＿＿＿＿多了。

A：不过，这个＿＿＿＿那个漂亮。

B：我还是喜欢这个。

怎么 zěnme：どうして
包 bāo：かばん

六、文章を読んで、作文してみましょう。

V 10-⑧

1 　　前天我没去学校，也没去打工，因为我生病了。今天比昨天好多了，所以我打算上午去上课，下午去餐厅打工。晚上还要准备明天的考试。

生病：病気になる
餐厅 cāntīng：レストラン
考试：試験

2 下線部を埋めて文を完成させましょう。

1. 因为＿＿＿＿＿＿＿＿＿＿＿＿＿＿＿＿＿＿＿＿＿，所以我没来。

2. 因为他喝酒了，所以＿＿＿＿＿＿＿＿＿＿＿＿＿＿＿＿＿＿。

3. 因为＿＿＿＿＿＿＿＿＿＿＿，所以＿＿＿＿＿＿＿＿＿＿＿。

コラム 中国の大学受験

　中国の大学受験というと、全国大学統一入試（"普通高等学校招生全国统一考试"）を指し、通称を"高考gāokǎo"といいます。中国語に「高等学校」とありますが、これは「高等教育機関（＝大学）」を指すもので、いわゆる日本の「高等学校」とは異なります。

　試験は毎年6月7日～9日の3日間で行われます。一般の4年制大学を受験する場合、「3+3」という制度が取り入れられており、受験生は必須科目と、選択科目からそれぞれ3つの教科を選んで受験します。そして受験した6つの科目の成績を足したものが、大学入試試験の成績となります。必須科目は「国語、数学、外国語」の3教科で、選択科目は「政治、歴史、物理、化学、地理、生物」の6教科です。

　必須科目の3教科はそれぞれ150点満点で、選択科目はそれぞれ100点満点なので、総合得点は750点満点となります。受験生は試験の後、その点数をもとに学校と専攻を選んだ上で志願書を提出し、大学側は出願者の点数と受験地域を考慮して合否を判定します。

　こう見ると、とてもシンプルなようですが、実際には点数そのものだけでなく、受験者の出身地における順位なども影響するようです。受験者数およそ1000万人ともいわれるこの統一試験で、4年制の大学に入学できるものは4割ほどという声もあります。ですから北京大学や清華大学（北京）、復旦大学（上海）といった名門校に入るのは相当大変なことのようです。一生に一度ともいわれるこの受験戦争に再チャレンジする浪人生"复读生fùdúshēng"も増えているようです。

高考的统考科目 tǒngkǎo kēmù（必須科目）
语文 yǔwén（国語）、数学 shùxué、外语 wàiyǔ（外国語）

高考的选测科目 xuǎncè kēmù（選択科目）
文科：政治 zhèngzhì、历史 lìshǐ（歴史）、地理 dìlǐ
理科：物理 wùlǐ、化学 huàxué、生物 shēngwù

第九、十課　応用練習

一、音声を聞いて、ピンインと簡体字を書き取りましょう。

1 _____　2 _____　3 _____　4 _____　5 _____

6 _____　7 _____　8 _____　9 _____　10 _____

二、音声を聞いて、簡体字と日本語訳を書きましょう。

1 _____

2 _____

3 _____

4 _____

5 _____

三、次の日本語を中国語に訳しましょう。

1　今日私は風邪を引いたので、買い物に行けません。

2　あなたは泳げますか。——泳げます。1000メートル泳げます。

3　彼は何をしていますか？——ちょうど電話中です。

4　彼は北京で一年間中国語を勉強したことがあるので、中国語を話すのが上手です。

5　明日の口頭試験、彼は参加できなくなりました。

読解

《山本的汉语》

铃木 告诉 山本 笔试 不 考 了，不过 他 还 得 准备 口试。练习
Língmù gàosu Shānběn bǐshì bù kǎo le, búguò tā hái děi zhǔnbèi kǒushì. Liànxí
自我 介绍 的 时候，李 燕 说 山本 的 汉语 说得 很 好，山本 听了
zìwǒ jièshào de shíhou, Lǐ Yàn shuō Shānběn de Hànyǔ shuōde hěn hǎo, Shānběn tīngle
非常 高兴。考试 结束 了，山本 的 成绩 比 上 次 好 多 了。山本
fēicháng gāoxìng. Kǎoshì jiéshù le, Shānběn de chéngjì bǐ shàng cì hǎo duō le. Shānběn
听说 李 燕 会 包 饺子，想 跟 她 学学。李 燕 希望 山本 多 了解
tīngshuō Lǐ Yàn huì bāo jiǎozi, xiǎng gēn tā xuéxue. Lǐ Yàn xīwàng Shānběn duō liǎojiě
中国 文化，她 也 很 想 教 山本 包 饺子。李 燕 对 山本 说，包
Zhōngguó wénhuà, tā yě hěn xiǎng jiāo Shānběn bāo jiǎozi. Lǐ Yàn duì Shānběn shuō, bāo
饺子 很 容易，一 学 就 会。
jiǎozi hěn róngyì, yì xué jiù huì.

生词

①	练习	liànxí	（動）	練習する
②	成绩	chéngjì	（名）	成績
③	跟	gēn	（前）	（のあと）〜について、〜と
④	学	xué	（動）	学ぶ、習う
⑤	了解	liǎojiě	（動）	理解する
⑥	会	huì	（動）	できる

内容に基づいて、質問に答えましょう。

1　铃木告诉山本什么了?

2　山本考得怎么样?

3　山本想跟李燕学什么?

4　李燕觉得包饺子难吗?

第十一課

作业写完了吗？

学習目標

- 迫ってくる事象を説明できる。
- 理由・原因を尋ねたり、説明したりできる。
- 状況を尋ねた上、提案できる。

課文 1

山本: 作业 写完 了 吗?
Shānběn: Zuòyè xiěwán le ma?

铃木: 还 没 写完 呢。
Língmù: Hái méi xiěwán ne.

山本: 明天 就 要 交 了, 来不及 了 吧?
Shānběn: Míngtiān jiù yào jiāo le, láibují le ba?

铃木: 没 问题, 老师 说 下 星期一 也 可以。
Língmù: Méi wèntí, lǎoshī shuō xià xīngqīyī yě kěyǐ.

山本: 你 快 点儿 写 吧。
Shānběn: Nǐ kuài diǎnr xiě ba.

别 忘 了, 星期天 还
Bié wàng le, xīngqītiān hái

要 去 迪士尼乐园 呢。
yào qù Díshìní lèyuán ne.

铃木: 哎呀, 我 记错 了。 我 以为 是 下 星期天 呢。
Língmù: Āiyā, wǒ jìcuò le. Wǒ yǐwéi shì xià xīngqītiān ne.

新出語句

①	~完	wán		（結果補語）~し終わる
②	就要~了	jiù yào ~ le		まもなく~する／になる（第七課既出）
③	交	jiāo	（動）	提出する
④	来不及	láibují		間に合わない
⑤	快	kuài	（形）	速い、速く（第十課既出）
⑥	快点儿	kuài diǎnr		速く、さっさと
⑦	忘	wàng	（動）	忘れる
⑧	记	jì	（動）	覚える
⑨	~错	cuò		（結果補語）~し間違える
⑩	以为	yǐwéi	（動）	~と思う、思い込む
⑪	哎呀	āiyā	（感）	驚いた時などに発する言葉

ポイント 1

1 結果補語　動詞＋結果を表す動詞 / 形容詞（＋目的語）

動詞の後に置き、動作が行われた結果を表す。

結果補語（動詞または形容詞）	動詞＋結果補語
～完 wán（～し終わる）	写完（書き終わる）、看完（見終わる）
～好 hǎo（ちゃんと～しあげる）	学好（マスターする）、做好（しあげる）
～错 cuò（～し間違える）	听错（聞き間違える）、说错（言い間違える）
～到 dào（～して目的に到達する）	找到（見つける）、看到（見かける）
～懂 dǒng（～してわかる）	听懂（聞いてわかる）、看懂（見てわかる）

① 我们 要 学好 汉语。
　Wǒmen yào xuéhǎo Hànyǔ.

② 他 找到 钱包 了。
　Tā zhǎodào qiánbāo le.

③ 老师 的 话 我 听懂 了。
　Lǎoshī de huà wǒ tīngdǒng le.

④ 他 的 名字 我 听错 了。
　Tā de míngzi wǒ tīngcuò le.

找：探す
钱包：財布
话：ことば、話
晚饭：晩ご飯
午饭 wǔfàn：昼ご飯

"没(有)"＋動詞＋結果補語（＋目的語）

⑤ 他 没 买到 飞机 票。
　Tā méi mǎidào fēijī piào.

⑥ 那 本 小说 我 没 看完。
　Nèi běn xiǎoshuō wǒ méi kànwán.

⑦ 你 写完 报告 了 吗?
　Nǐ xiěwán bàogào le ma?

⑧ 晚饭 你 做好 了 没有?
　Wǎnfàn nǐ zuòhǎo le méiyou?

練習 日本語に合わせて下線部を埋めましょう。

1　私は昼ご飯を食べ終わった。　　　　　　　我吃_____午饭_____。

2　私の財布はまだ見つかっていない。　　　　我的钱包还_____找_____。

3　レポートはちゃんと書き終わった？　　　　报告你写_____ _____吗?

2 "(就)要～了"「もうすぐ～する / なる、間もなく～だ」

① 明天 就 要 交 作业 了。
　Míngtiān jiù yào jiāo zuòyè le.

② 她 就 要 回国 了。
　Tā jiù yào huí guó le.

③ 他 就 要 毕业 了。
　Tā jiù yào bìyè le.

④ 要 放 寒假 了。
　Yào fàng hánjià le.

毕业：卒業する
寒假：冬休み
留学 liúxué：留学する

練習 次の日本語を中国語に訳しましょう。

1　来週にはもう試験だ。

2　来月にはもう春休みだ。

3　私はもうすぐアメリカへ留学する（留学しに行く）。

作业写完了吗？

課文 2

铃木: 听说 箱根 红叶 很 漂亮, 咱们 去 看看 吧。
Língmù: Tīngshuō Xiānggēn hóngyè hěn piàoliang, zánmen qù kànkan ba.

李: 好 啊。 你 会 开车,
Lǐ: Hǎo a. Nǐ huì kāichē,

咱们 开车 去 怎么样?
zánmen kāichē qù zěnmeyàng?

铃木: 我 家 有 车, 可是 爸爸 不 让 我 开。
Língmù: Wǒ jiā yǒu chē, kěshì bàba bú ràng wǒ kāi.

李: 那 我们 租车 去 吧。
Lǐ: Nà wǒmen zū chē qù ba.

铃木: 我 刚 拿到 驾照, 你 敢 坐 吗?
Língmù: Wǒ gāng nádào jiàzhào, nǐ gǎn zuò ma?

李: ……那, 还是 坐 电车 去 吧。
Lǐ: …… Nà, háishì zuò diànchē qù ba.

新出語句

①	箱根	Xiānggēn	(固)	箱根
②	红叶	hóngyè	(名)	紅葉
③	开	kāi	(動)	(車を)運転する、運行する
④	车	chē	(名)	車 ※"开车"車を運転する
⑤	可是	kěshì	(接)	しかし（第九課既出）
⑥	让	ràng	(動)	～させる
⑦	租车	zū chē	(動+)	車をレンタルする
⑧	刚	gāng	(副)	～したばかり
⑨	拿到	nádào	(動+)	手に入れる、手に入る
⑩	驾（驶执）照	jià(shǐ zhí)zhào	(名)	車の免許
⑪	敢	gǎn	(助動)	～する勇気がある
⑫	电车	diànchē	(名)	電車（第八課既出）

ポイント 2

1 主述述語文 「～は～が～だ」

述語部分が主語と述語からなっている文。

① 箱根 红叶 很 漂亮。
　Xiānggēn hóngyè hěn piàoliang.

② 她 学习 很 好。
　Tā xuéxí hěn hǎo.

③ 父亲 身体 非常 健康。
　Fùqin shēntǐ fēicháng jiànkāng.

④ 他 个子 不 高。
　Tā gèzi bù gāo.

⑤ 北京 冬天 冷 不 冷?
　Běijīng dōngtiān lěng bu lěng?

⑥ 东京 天气 怎么样?
　Dōngjīng tiānqì zěnmeyàng?

| 父亲：父親 |
| 身体：体 |
| 健康：健康な |
| 个子：身長 |
| 冬天：冬 |
| 工作：仕事 |
| 忙máng：忙しい |
| 矮：低い |

練習 次の日本語を中国語に訳しましょう。

1　お兄さんは仕事が忙しいですか。

2　北京は冬寒い。

3　彼は背が低い。

2 使役表現 "让" 「～させる、～するよう言う、～してもらう」

A ＋ "让" ＋ B ＋ 動詞（＋目的語）

① 他 让 我 做 饭。
　Tā ràng wǒ zuò fàn.

② 老师 让 我们 写 作业。
　Lǎoshī ràng wǒmen xiě zuòyè.

"不让" ＋ B ＋ 動詞（＋目的語）「～させない、してもらわない」

③ 姐姐 不 让 我 穿 她 的 衣服。
　Jiějie bú ràng wǒ chuān tā de yīfu.

④ 母亲 不 让 我 喝 酒。
　Mǔqin bú ràng wǒ hē jiǔ.

⑤ 你 爸爸 让 你 开车 吗?
　Nǐ bàba ràng nǐ kāichē ma?

⑥ 你 父母 让 你 去 哪儿 留学?
　Nǐ fùmǔ ràng nǐ qù nǎr liúxué?

| 穿：着る、履く |
| 母亲：母親 |
| 父母：両親 |

練習 次の日本語を中国語に訳しましょう。

1　彼は私に校門で待つよう言った。

2　兄は私をスーパーへ買い物に行かせる。

3　両親が留学に行かせてくれない。

★ 副詞 "刚"　"刚" ＋ 動詞　「～したばかり」　※文末に "了" を付けない。

我 刚 回家。　　　他 刚 毕业。　　　我 刚 写完 作业。
Wǒ gāng huí jiā.　　Tā gāng bìyè.　　Wǒ gāng xiěwán zuòyè.

11　作业写完了吗？

総合練習

一、発音練習と聞き取り

発音を練習しましょう。

1　学好汉语　　2　要放寒假了　　3　不让他上网

聞き取ってピンインを完成しましょう。

1　jià_____　2　d_____ch_____　3　yǐ_____
　　驾照　　　　　　电车　　　　　　　以为

二、下線部を入れ換えて、練習しましょう。

1　A：就要去<u>旅游</u>了。
　　　Jiù yào qù lǚyóu le.

　　B：你<u>准备</u>好了吗？
　　　Nǐ zhǔnbèi hǎo le ma?

　　A：还没<u>准备</u>好呢。
　　　Hái méi zhǔnbèi hǎo ne.

　　B：那快<u>准备</u>吧。
　　　Nà kuài zhǔnbèi ba.

★交报告／写
　jiāo bàogào　xiě

★考试／复习
　kǎoshì　　fùxí

2　A：老师常常让学生做什么？
　　　Lǎoshī chángcháng ràng xuéshēng zuò shénme?

　　B：老师让学生<u>交作业</u>。
　　　Lǎoshī ràng xuéshēng jiāo zuòyè.

　　A：那老师不让学生做什么？
　　　Nà lǎoshī bú ràng xuéshēng zuò shénme?

　　B：老师不让学生<u>玩儿手机</u>。
　　　Lǎoshī bú ràng xuéshēng wánr shǒujī.

★背课文／随便说话
　bèi kèwén　suíbiàn shuōhuà

★听录音／吃东西
　tīng lùyīn　chī dōngxi

复习：復習する
常常：いつも、よく
背：暗記する
课文：テキストの本文
随便：勝手に

三、録音を聞いて、適切な答えを①〜③から選びましょう。

1　① 小说　　② 电视　　③ 学校
2　① 六杯　　② 七杯　　③ 两杯

四、次の質問を中国語に訳し、答えましょう。

1 携帯は見つかった？
问 _____ 答 _____

2 彼はもうすぐ帰国するの？
问 _____ 答 _____

3 お母さんは君をどこへ留学に行かせるの？
问 _____ 答 _____

4 あなたは勉強が忙しいですか。
问 _____ 答 _____

五、以下の会話文を完成し、クラスメートと練習しましょう。

1　A：就要到_____了，_____准备好了吗?
　　B：差不多准备好了。你能来吗?
　　A：有时间我一定去。
　　B：太好了。

★学园节 ／ 茶会
Xuéyuánjié　cháhuì

★圣诞节 ／ 圣诞派对
Shèngdànjié　Shèngdàn pàiduì

圣诞节：クリスマス
圣诞派对：クリスマスパーティー
差不多 chàbuduō：大体、ほとんど

2　A：这本_____内容怎么样?
　　B：很有意思。
　　A：_____不_____借我看看?
　　B：我还没看完。

★小说
　xiǎoshuō

★漫画
　mànhuà

内容 nèiróng：内容
借 jiè：貸す、借りる
漫画：漫画

六、文章を読んで、作文してみましょう。

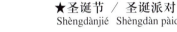

1　　就要放寒假了。听说箱根红叶很漂亮，铃木和李燕想去箱跟看红叶。铃木会开车，可是因为他刚拿到驾照，他爸爸不让他开，所以他们打算坐电车去。

2　冬休みの計画を紹介してみましょう。

_____
_____
_____

コラム 生活の中の漢詩

　中国の小学生は六年間で常用字2500字を習います（日本は1000余り）。文化の伝承や漢字教育の一環として、漢詩の学習も盛んで、75首が必修です。正式な場でのスピーチや文書だけでなく、日常会話の中でも、漢詩はよく引用されます。

　皆さんも中学や高校の授業で触れたと思いますが、下に挙げた漢詩は秋の美しい風景を詠んだもので、形式は七言絶句です。偶数行と第1句の最後が"a"で韻を踏んでいます。第1句の"斜"は現代の標準語では"xié"ですが、昔の音"xiá"に合わせて読むことが多いです。

　この詩は代表的な秋の詩として、人々に親しまれ、特に最後の"霜叶红于二月花"は引用される機会が最も多いです。赤く染まった木々の葉を美しいと愛でる心は、遠く古の昔から続いてきたもので、日中共通のようです。

山　行
Shān xíng
杜牧
Dù Mù

远　上　寒　山　石　径　斜
yuǎn shàng hán shān shí jìng xiá

白　云　生　处　有　人　家
bái yún shēng chù yǒu rén jiā

停　车　坐　爱　枫　林　晚
tíng chē zuò ài fēng lín wǎn

霜　叶　红　于　二　月　花
shuāng yè hóng yú èr yuè huā

秋山の遠き彼方へ一筋の小道に沿ひて深く踏みゆく
見上げれば漂ふ雲に見え隠れ山の彼方に茅葺の家
眺めつつ帰り忘れて吾一人夕日に染まり楓林の紅
春頃の咲き乱れゐる花よりもなほ美しき霜の楓葉

第十二課

就要去北京留学了

学習目標

- ある出来事についてメリットなど話せる。
- 持っていくものなどについて相手に相談できる。
- 相手の希望を聞き提案できる。

課文 1

李: 听说 你 春假 就 要 去 北京 留学 了。
Lǐ: Tīngshuō nǐ chūnjià jiù yào qù Běijīng liúxué le.

铃木: 是 啊, 你 放假 回去 吗?
Língmù: Shì a, nǐ fàngjià huíqù ma?

李: 回去。 我们 可以 在 北京 见面 了。
Lǐ: Huíqù. Wǒmen kěyǐ zài Běijīng jiànmiàn le.

铃木: 要是 你 有 时间 的话,
Língmù: Yàoshi nǐ yǒu shíjiān dehuà,

带 我 去 尝尝 地道 的 中国 菜 吧。
dài wǒ qù chángchang dìdao de Zhōngguó cài ba.

李: 没 问题, 我们 去 吃 北京 烤鸭 怎么样? 我 请客。
Lǐ: Méi wèntí, wǒmen qù chī Běijīng kǎoyā zěnmeyàng? Wǒ qǐngkè.

铃木: 那 我 就 不 客气 了。
Língmù: Nà wǒ jiù bú kèqi le.

新出語句

①	春假	chūnjià	（名）	春休み
②	留学	liúxué	（動＋）	留学する（第十一課既出）
③	放假	fàngjià	（動＋）	休みになる
④	回去	huíqù	（動＋）	帰っていく
⑤	见面	jiànmiàn	（動＋）	会う（第七、八課応用練習既出）
⑥	要是…的话	yàoshi~dehuà		もし～ならば
⑦	请客	qǐngkè	（動＋）	おごる、ごちそうする
⑧	不客气	bú kèqi		遠慮しない

ポイント 1

1 単純方向補語　動詞＋"来／去"

動作・行為の移動方向を表す。　※"来／去"は軽く読むことが多い。

① 你 快 进来 吧。
　Nǐ kuài jìnlái ba.

② 爸爸 出去 了。
　Bàba chūqù le.

③ 你 放假 回去 吗？
　Nǐ fàngjià huíqù ma?

④ 我 放假 没 回去。
　Wǒ fàngjià méi huíqù.

場所を表す目的語がある場合、"来／去"の前に置く。

⑤ 老师 进 教室 来 了。
　Lǎoshī jìn jiàoshì lái le.

⑥ 他 已经 回 老家 去 了。
　Tā yǐjīng huí lǎojiā qù le.

場所以外の目的語がある場合、"来／去"の前か後に置く。

⑦ 学园节 我 要 带 朋友 来。
　Xuéyuánjié wǒ yào dài péngyou lái.

⑧ 他 借来了 两 本 小说。
　Tā jièláile liǎng běn xiǎoshuō.

~来：(方向補語)
　～して来る
~去：(方向補語)
　～して行く
进：入る
出：出る
老家：実家

練習 日本語に合わせて下線部を埋めましょう。

1　今年の旧正月帰る（帰っていく）？　　你今年春节_____吗？

2　私は午後出かけます。　　我下午_____。

3　彼は靴を2足買ってきた。　　他_____了两双鞋。

4　彼はもう会社に戻ってきました。　　他已经_____公司_____了。

2 "要是～的话，（就）…"「もし～ならば」　※"要是"、"的话"がなくても仮定を表すことがある。

① 要是 你 有 时间 的话，我（就）带 你 出去 逛逛。
　Yàoshi nǐ yǒu shíjiān dehuà, wǒ (jiù) dài nǐ chūqù guàngguang.

② 要是 他 有 驾照 的话，咱们（就）可以 开车 去。
　Yàoshi tā yǒu jiàzhào dehuà, zánmen (jiù) kěyǐ kāichē qù.

③ 要是 你 有事，（就）让 我 去 吧。
　Yàoshi nǐ yǒu shì, (jiù) ràng wǒ qù ba.

④ 有 机会 的话，请 来 日本 玩儿。
　Yǒu jīhuì dehuà, qǐng lái Rìběn wánr.

逛：ぶらぶらする
机会：機会、チャンス

練習 次の日本語を中国語に訳しましょう。

1　もし天気がよければ、遊びに出かけましょう。

_____

2　もしあなたが北京に行ったことがあるなら、今回私たちは上海へ行こう。

_____

3　もしあなたが中国語を話せるなら、中国語を話してください。

_____

课文 2

山本: 你 住 留学生 宿舍 吧？
Shānběn: Nǐ zhù liúxuéshēng sùshè ba?

铃木: 对， 不过 有 机会 的话，
Língmù: Duì, búguò yǒu jīhuì dehuà,

我 很 想 去 中国人 的 家里 看看。
wǒ hěn xiǎng qù Zhōngguórén de jiāli kànkan.

山本: 正好 李 燕 回 北京， 你 可以 去 她 家 啊。
Shānběn: Zhènghǎo Lǐ Yàn huí Běijīng, nǐ kěyǐ qù tā jiā a.

铃木: 那 我 应该 带 点儿 什么 礼物 去 呢？
Língmù: Nà wǒ yīnggāi dài diǎnr shénme lǐwù qù ne?

山本: 听 李 燕 说 日本 的 化妆品、
Shānběn: Tīng Lǐ Yàn shuō Rìběn de huàzhuāngpǐn,

保健品 很 有 人气， 她 每 次 都 带回去。
bǎojiànpǐn hěn yǒu rénqì, tā měi cì dōu dàihuíqù.

铃木: 那 我 也 准备 一些 吧。
Língmù: Nà wǒ yě zhǔnbèi yìxiē ba.

新出語句

①	住	zhù	（動）	住む、泊まる
②	宿舍	sùshè	（名）	寮、宿舍
③	正好	zhènghǎo	（副）	ちょうどよく
④	应该	yīnggāi	（助動）	〜すべきだ
⑤	（一）点儿	(yì)diǎnr	（数量）	少し
⑥	化妆品	huàzhuāngpǐn	（名）	化粧品
⑦	保健品	bǎojiànpǐn	（名）	健康用品、サプリメント
⑧	人气	rénqì	（名）	人気
⑨	一些	yìxiē	（数量）	いくつか、すこし

ポイント 2

1 複合方向補語　動詞+"上／下／进／出…+来／去"

より具体的に動作・行為の移動や方向を表す。　※"来／去"は軽く読むことが多い。

	上 shàng（上がる）	下 xià（下がる）	进 jìn（入る）	出 chū（出る）	回 huí（戻る）	过 guò（過ぎる）	起 qǐ（起きる）
来	上来	下来	进来	出来	回来	过来	起来
去	上去	下去	进去	出去	回去	过去	

① 老师 走进来 了。
　Lǎoshī zǒujìnlái le.

② 车 从 对面 开过来 了。
　Chē cóng duìmiàn kāiguòlái le.

場所を表す目的語がある場合、"来／去"の前に置く。

③ 老师 走进 教室 来 了。
　Lǎoshī zǒujìn jiàoshì lái le.

④ 他 跑上 二 楼 去 了。
　Tā pǎoshàng èr lóu qù le.

場所以外の目的語がある場合、"来／去"の前か後に置く。

⑤ 请 拿出 你 的 护照 来。
　Qǐng náchū nǐ de hùzhào lái.

⑥ 爸爸 买回来了 一些 点心。
　Bàba mǎihuíláile yìxiē diǎnxin.

护照：パスポート

練習　次の日本語を中国語に訳しましょう。

1　私たち、歩いて帰ろう（帰っていこう）。

2　彼女は花束を一つ買って帰ってきた。

3　彼は教室を走って出ていった。

2 助動詞 "应该"　"应该"+動詞　「〜すべき」

① 你 应该 好好儿 想想。
　Nǐ yīnggāi hǎohāor xiǎngxiang.

② 你 感冒 了，应该 休息休息。
　Nǐ gǎnmào le, yīnggāi xiūxixiuxi.

想：考える

③ 这 是 我 应该 做 的 事。
　Zhè shì wǒ yīnggāi zuò de shì.

④ 我 应该 带 点儿 什么 礼物 呢？
　Wǒ yīnggāi dài diǎnr shénme lǐwù ne?

練習　次の日本語を中国語に訳しましょう。

1　私は何を話すべきでしょうか。

2　あなたはよく復習するべきだ。

3　これは親がやるべきことだ。

総合練習

一、発音練習と聞き取り

発音を練習しましょう。　　　　　　　　　　　　　　　　　　　V 12-⑤
1　他出去了　　　2　进教室来　　　3　我请客

聞き取ってピンインを完成しましょう。　　　　　　　　　　　　V 12-⑥
1　s___sh___　　2　h___y___　　3　___uà___uāng___ǐn
　　宿舍　　　　　　　欢迎　　　　　　化妆品

二、下線部を入れ換えて、練習しましょう。

1　A：我回来了。
　　　Wǒ huílái le.

　　B：爸爸，您回来了。　　　★爷爷／生日蛋糕
　　　Bàba, nín huílái le.　　　　yéye　shēngrì dàngāo

　　A：我给你买来了好吃的。　　★奶奶／圣诞节礼物
　　　Wǒ gěi nǐ mǎilái le hǎochī de.　　nǎinai　Shèngdànjié lǐwù

　　B：谢谢爸爸。
　　　Xièxie bàba.

给：〜のために
生日蛋糕：誕生日ケーキ

2　A：妈妈，我的衬衫在哪儿?　　★书包／帽子／雨伞／手机
　　　Māma, wǒ de chènshān zài nǎr?　　shūbāo　màozi　yǔsǎn　shǒujī

　　B：在那儿。
　　　Zài nàr.

　　A：妈妈，我的袜子呢?
　　　Māma, wǒ de wàzi ne?

　　B：你啊，自己的事应该自己做。
　　　Nǐ a, zìjǐ de shì yīnggāi zìjǐ zuò.

衬衫：シャツ、ブラウス
自己：自分
书包：（学生の）カバン
帽子：帽子
雨伞：かさ

三、録音を聞いて、適切な答えを①〜③から選びましょう。　　　V 12-⑦

1　①　10点多　　②　4点多　　③　7点多
2　①　看电影　　②　吃饭　　　③　买东西

多 duō：〜過ぎ、〜あまり

四、次の質問を中国語に訳し、答えましょう。

1　もし時間があったら、一緒にコーヒーでも（一杯）飲みませんか。
　　问_____　答_____

2　私は何を持っていくべきですか。
　　问_____　答_____

3　今日、あなたは何時に帰るの（帰っていく）？
　　问_____　答_____

4　学園祭に誰を連れて行くつもり？
　　问_____　答_____

五、以下の会话文を完成し、クラスメートと練習しましょう。

1　A：有机会的话，你想去留学吗？
　　B：想去。我想去_____。
　　A：你想去那儿学什么？
　　B：我想去学_____。

　　★法国／法语
　　　Fǎguó　Fǎyǔ

　　★美国／英语
　　　Měiguó　Yīngyǔ

2　A：这个_____你看过吗？
　　B：看过。
　　A：怎么样？
　　B：很有意思，你_____看看。

　　★电影／应该
　　　diànyǐng　yīnggāi

　　★展览／可以
　　　zhǎnlǎn　kěyǐ

法国：フランス
展览：展示、展覧する
有意思 yǒu yìsi：面白い

六、文章を読んで、作文してみましょう。

V 12-⑧

1　　李燕好久没回国了，这个春假她要回去住两个星期。她的朋友铃木也要去中国留学，她打算带铃木去北京的名胜古迹看看，还想请铃木吃北京烤鸭。铃木说想去中国人的家看看，李燕想让他来她家一起包饺子，铃木很高兴。

好久没~了：しばらく~していない
名胜古迹 míngshèng gǔjì：名所旧跡

2　この春休みに何をするつもりですか。

_____
_____
_____

コラム 喜ばれない贈り物

日本を訪れる中国人観光客は年々増加傾向にあります。最近はヒットした映画の撮影地を巡ったり、伝統文化の体験をしたりなど、日本文化に対する関心もより高まっているようです。

ここでは中国人に喜ばれるお土産を少し紹介したいと思います。

一番人気はやはり電化製品や腕時計のようですが、これらはなかなか気軽に送れるものではありませんから、それ以外を見てみましょう。意外にも気軽に買えるお菓子やサプリメント、医薬品、日焼け止めなどの人気が高いようです。もし、皆さんが中国へ行く機会がありましたら、お気に入りのお菓子を一つでも余分に旅行カバンに入れておくと、どこかで役に立つかもしれません

では逆に、中国ではタブーとされている贈り物もいくつか紹介したいと思います。

まず一つ目は時計です。先ほど腕時計は人気と述べたのにおかしいですね。中国語で「腕時計」は"手表 shǒubiǎo"と言いますが「掛け時計や置き時計」は"钟 zhōng"と言います。問題はこの発音にあります。「掛け時計を贈る」は"送钟 sòngzhōng"となり、その発音は"送终 sòngzhōng"（死に水を取る）と同じです。このように発音から縁起の良くないことを連想させるものは、タブーとされてきたようです。

ほかには、傘がそうです。「傘」"伞 sǎn"は「別れ」"散 sàn"と音が似ているので贈り物としてはあまり選ばれないようです。若い人の中にはこういった風習をあまり気にしない人もいるようですが、外国の人に贈りものをする時は、やはりその国の風習なども理解した上で、相手に喜んでもらえることが大事ですね。

皆さんも日本の贈答文化のタブーについて、外国人の友人と話してみるといいでしょう。

クイズ：切って食べると縁起が悪いとされる果物はどれでしょう。
　　A　苹果 píngguǒ　　　B　梨 lí　　　C　桃子 táozi（モモ）

第十一、十二課　応用練習

一、音声を聞いて、ピンインと簡体字を書き取りましょう。

1 _____ 2 _____ 3 _____ 4 _____ 5 _____

6 _____ 7 _____ 8 _____ 9 _____ 10 _____

二、音声を聞いて、簡体字と日本語訳を書きましょう。

1 _____

2 _____

3 _____

4 _____

5 _____

三、次の日本語を中国語に訳しましょう。

1　私は必ず中国語をマスターしたいです。

2　今日あなたは何時に家に帰ってくるの？

3　僕たち、来週にはもう試験だ。

4　私は彼の名前を書き間違えました。

5　先生は彼らに来週宿題を出すように言った。

読解

《去箱根旅游》

箱根 风景 特别 美，铃木 和 李 燕 约好 今天 去 箱根 玩儿。
虽然 铃木 家 有 车，他 也 有 驾照，可是 因为 他 爸爸 不 让 他 开，所以 他们 只好 坐 电车 去。
他们 早上 在 新宿 见面，要是 他们 票 买得 早，就 可以 买到 最 前面 的 座位，不过 已经 卖完 了。
他们 刚 上车，开 的 铃 就 响 了。李 燕 带来了 水果，铃木 带来了 点心，他们 边 吃 边 聊，非常 开心。铃木 春假 就 要 去 北京 留学 了，李 燕 放假 也 要 回去 看 父母，铃木 问 李 燕 应该 带 什么 礼物 去，还 说 想 尝尝 地道 的 中国菜，李 燕 说 请 他 去 吃 北京 烤鸭。
他们 说说笑笑，不 一会儿 就 到 箱根 了。

内容に基づいて、質問に答えましょう。

为什么 wèi shénme：なぜ、どうして

1　铃木和李燕约好去哪儿玩儿？
2　他们为什么坐电车去？
3　他们带来了什么？
4　李燕春假打算做什么？铃木呢？

生词

①	约好	yuēhǎo	（動+）	ちゃんと約束する
②	虽然	suīrán	（接）	～であるが～
③	只好	zhǐhǎo	（副）	～するほかない
④	最	zuì	（副）	最も
⑤	前面	qiánmiàn	（方位）	前
⑥	座位	zuòwèi	（名）	座席
⑦	上车	shàngchē	（動+）	乗車する
⑧	开车	kāichē	（動+）	発車する
⑨	铃	líng	（名）	ベル
⑩	响	xiǎng	（動）	鳴る
⑪	水果	shuǐguǒ	（名）	果物
⑫	边…边…	biān...biān...		～しながら～する
⑬	聊	liáo	（動）	雑談する
⑭	开心	kāixīn	（形）	楽しい
⑮	请	qǐng	（動）	招待する
⑯	说说笑笑	shuōshuoxiàoxiao		話したり笑ったりする
⑰	不一会儿	bù yíhuìr		間もなく
⑱	到	dào	（動）	到着する

第二課　[各課内容確認ドリル]

課文 1

一、録音を聞いて、書き取りましょう。　V 2-⑩

1　山本！＿＿＿＿＿＿。
2　＿＿＿＿＿＿，你是日本人吗？
3　我是＿＿＿＿＿＿人。你是＿＿＿＿＿＿人？

二、録音を聞いてピンインを書き取り、簡体字で質問に答えましょう。

1　Lǐ Yàn shì ＿＿＿＿＿ rén?　　　答 ＿＿＿＿＿＿＿＿＿＿
2　Shānběn shì ＿＿＿＿＿ rén ma?　答 ＿＿＿＿＿＿＿＿＿＿

三、学習ポイント 1 を使って、文を作りましょう。

1　「〜は〜といいます」（名前）　＿＿＿＿＿＿＿＿＿＿
2　「〜は〜です」（国籍）　＿＿＿＿＿＿＿＿＿＿
3　「〜は〜ですか」　＿＿＿＿＿＿＿＿＿＿

課文 2

一、録音を聞いて、書き取りましょう。　V 2-⑪

1　您＿＿＿＿＿＿？
2　你叫＿＿＿＿＿＿名字？
3　我＿＿＿＿＿＿是＿＿＿＿＿＿。

二、録音を聞いてピンインを書き取り、簡体字で質問に答えましょう。

1　Tā（她）＿＿＿＿＿ shénme?　　　答 ＿＿＿＿＿＿＿＿＿＿
2　Tā（他）jiào shénme ＿＿＿＿＿?　答 ＿＿＿＿＿＿＿＿＿＿
3　Lǐ Yàn shì ＿＿＿＿＿ ma?　　　答 ＿＿＿＿＿＿＿＿＿＿

三、学習ポイント 2 を使って、対話文を作りましょう。

1　A：＿＿＿＿＿＿＿＿＿＿？
　　B：我不姓李，＿＿＿＿＿＿＿＿＿＿
2　A：我是学生，＿＿＿＿＿＿＿＿？
　　B：＿＿＿＿＿＿＿＿＿＿

124

第三課

課文 1

一、録音を聞いて、書き取りましょう。　V 3-⑪

1　铃木！_____
2　_____，她是我朋友，叫李燕。
3　你好，_____你很高兴。

二、録音を聞いてピンインを書き取り、簡体字で質問に答えましょう。

1　Shānběn _____ hǎo ma?　　　答 _____
2　Shānběn de _____ jiào shénme míngzi?　　答 _____

三、学習ポイント1を使って、文を作りましょう。

1　「〜の…」　_____
2　形容詞述語文　_____
3　「これは〜です」　_____

課文 2

一、録音を聞いて、書き取りましょう。　V 3-⑫

1　我是_____的学生。
2　我是外语学院的，学习_____。你呢？
3　我的_____是经营学。

二、録音を聞いてピンインを書き取り、簡体字で質問に答えましょう。

1　Lǐ Yàn shì _____ de xuéshēng?　　答 _____
2　Língmù shì _____ de xuéshēng?　　答 _____
3　Lǐ Yàn de zhuānyè shì _____ ?　　答 _____

三、学習ポイント2を使って、対話文を作りましょう。

1　A：你好，我是北京大学的学生。你是_____？
　　B：你好，我是_____
2　A：_____在_____？
　　B：在_____

第四課

課文 1

一、録音を聞いて、書き取りましょう。　

1　咱们去＿＿＿咖喱饭，＿＿＿＿＿？
2　我坐＿＿＿＿＿，你呢？
3　咱们＿＿＿＿＿旅游吧！

二、録音を聞いてピンインを書き取り、簡体字で質問に答えましょう。

1　Tāmen qù ＿＿＿ chī fàn?　　　答＿＿＿＿＿＿＿＿
2　Èr hào lóu de ＿＿＿ zěnmeyàng?　　答＿＿＿＿＿＿＿＿

三、学習ポイント1を使って、文を作りましょう。

1　「～に行って…する」　　＿＿＿＿＿＿＿＿
2　「～に乗って…へ行く」　＿＿＿＿＿＿＿＿
3　「一緒に～しよう！」　　＿＿＿＿＿＿＿＿

課文 2

一、録音を聞いて、書き取りましょう。

1　我＿＿＿三明治，你＿＿＿？
2　你＿＿＿不＿＿＿喝茶？
3　我＿＿＿学习＿＿＿。

二、録音を聞いてピンインを書き取り、簡体字で質問に答えましょう。

1　Lǐ Yàn xiǎng chī ＿＿＿ ma?　　答＿＿＿＿＿＿＿＿
2　Gālífàn là ＿＿＿ là?　　　　　答＿＿＿＿＿＿＿＿
3　Língmù chī ＿＿＿?　　　　　　答＿＿＿＿＿＿＿＿

三、学習ポイント2を使って、対話文を作りましょう。

1　何をしたいか話す。　　　　A：我想＿＿＿＿＿，你呢？
　　　　　　　　　　　　　　B：我想＿＿＿＿＿。
2　～するかどうかたずねる。　A：你＿＿＿不＿＿＿（＿＿＿）？
　　　　　　　　　　　　　　B：不＿＿＿。

第五課

課文 1

一、録音を聞いて、書き取りましょう。

1. 我的爱好是_____ _____。
2. 他很_____看_____。
3. 你什么_____去中国_____?

二、録音を聞いてピンインを書き取り、簡体字で質問に答えましょう。

1. Gāoqiáo de _____ shì shénme?　　答 _____
2. Lǐ Yàn _____ kàn _____ ma?　　答 _____

三、学習ポイント1を使って、文を作りましょう。

1. 「〜するのが大好きだ」　　_____
2. 「〜（するの）が好きではない」　　_____
3. 「〜が好き、それとも…が好き？」　　_____

課文 2

一、録音を聞いて、書き取りましょう。

1. 明天_____。
2. 没_____，你下午有_____吗?
3. 一言为定，_____。

二、録音を聞いてピンインを書き取り、簡体字で質問に答えましょう。

1. Gāoqiáo _____ yǒu shíjiān _____?　　答 _____
2. Gāoqiáo _____ yǒu kòngr?　　答 _____
3. Tāmen _____ jǐ diǎn zài nǎr _____?　　答 _____

三、学習ポイント2を使って、対話文を作りましょう。

1. 午後〜をする必要があるかたずねる。
   A：你下午要_____吗?
   B：我不用_____。

2. どこで〜するかたずねる。
   A：咱们_____哪儿_____（_____）?
   B：在_____ _____（_____）吧。

第六課

課文 1

一、録音を聞いて、書き取りましょう。　V 6-⑬

1. 这_____面包_____好吃！
2. 这种巧克力很_____ _____。
3. _____两千_____日元。

二、録音を聞いてピンインを書き取り、簡体字で質問に答えましょう。

1. _____ qiǎokèlì zěnmeyàng?　答_____
2. Lǐ Yàn _____ jǐ hé?　答_____
3. Cǎoméi _____ duōshao _____ yì hé?　答_____

三、学習ポイント1を使って、文を作りましょう。

1. 周りにある物の値段を聞く。
2. 「合計〜円です」という。
3. 今日の日付

課文 2

一、録音を聞いて、書き取りましょう。　V 6-⑭

1. 这儿附近有_____ _____？
2. 我_____ _____个妹妹。
3. 我家_____ _____后边儿。

二、録音を聞いてピンインを書き取り、簡体字で質問に答えましょう。

1. _____ shì bu shì _____ ?　答_____
2. Gāoqiáo xiǎng _____ shénme _____ ?　答_____
3. Fùjìn yǒu méiyǒu _____ ?　答_____

三、学習ポイント2を使って、対話文を作りましょう。

1. スーパーがどこにあるかたずねる。　A：_____在哪儿？
　B：在车站_____。
2. 何個欲しいか伝え、合計額を答える。　A：我要_____个，多少钱？
　B：一共_____。

第七課

課文 1

一、録音を聞いて、書き取りましょう。

1. ＿＿＿＿！你最近怎么样？
2. 这个＿＿＿＿你去哪儿玩儿了？
3. 你看，这是我＿＿＿＿的照片。

二、録音を聞いて書き取り、質問に答えましょう。

1. ＿＿＿山本去＿＿＿了？　　　　答＿＿＿＿＿＿＿＿＿＿
2. 北京他都去了＿＿＿＿？　　　　答＿＿＿＿＿＿＿＿＿＿
3. ＿＿＿＿＿＿＿＿＿？　　　　　答＿＿＿＿＿＿＿＿＿＿

三、学習ポイント1を使って、文を作りましょう。

1. 動詞＋"了"＋数量詞など＋目的語　　　＿＿＿＿＿＿＿＿＿＿
2. 「～しなかった／～していない」　　　＿＿＿＿＿＿＿＿＿＿
3. 動詞フレーズ＋"的"＋名詞　　　　　　＿＿＿＿＿＿＿＿＿＿

課文 2

一、録音を聞いて、書き取りましょう。

1. 我一共去过＿＿＿＿故宫。
2. 你＿＿＿＿这个咖喱饭怎么样？
3. 买小笼包的人很多，我等了一个＿＿＿＿。

二、録音を聞いて書き取り、質問に答えましょう。

1. 李燕去过＿＿＿＿上海？　　　　答＿＿＿＿＿＿＿＿＿＿
2. 豫园的小笼包＿＿＿＿？　　　　答＿＿＿＿＿＿＿＿＿＿
3. 李燕在豫园＿＿＿＿小时？　　　答＿＿＿＿＿＿＿＿＿＿

三、学習ポイント2を使って、対話文を作りましょう。

1. ～したことがあるかたずねる。
   A：你＿＿＿过＿＿＿＿＿＿吗？
   B：＿＿＿＿过。

2. どれぐらい～したかたずねる。
   A：＿＿＿＿几个小时＿＿＿＿？
   B：一共＿＿＿＿＿＿＿＿。

第八課

課文 1

一、録音を聞いて、書き取りましょう。　　V 8-⑨

1. 你下课以后＿＿＿＿＿？
2. 你是＿＿＿＿＿开始打工的？
3. 我每天＿＿＿晚上六点＿＿＿十点学习汉语。

二、録音を聞いて書き取り、質問に答えましょう。

1. 李燕下课以后＿＿＿＿？　　答＿＿＿＿＿＿＿＿＿＿
2. 李燕是从＿＿＿＿开始打工的？　答＿＿＿＿＿＿＿＿＿＿
3. 李燕打＿＿＿＿工？　　　　答＿＿＿＿＿＿＿＿＿＿

三、学習ポイント1を使って、文を作りましょう。

1. 「いつ～したのだ」　　　　＿＿＿＿＿＿＿＿＿＿＿
2. 「ここで～したのではない」　＿＿＿＿＿＿＿＿＿＿＿
3. 「何時～何時までバイトする」＿＿＿＿＿＿＿＿＿＿＿

課文 2

一、録音を聞いて、書き取りましょう。　　V 8-⑩

1. 你在家＿＿＿＿吧。
2. 这个中国电影你也去＿＿＿吧。
3. 我家＿＿＿超市＿＿＿＿。

二、録音を聞いて書き取り、質問に答えましょう。

1. 李燕在＿＿＿＿打工？　　答＿＿＿＿＿＿＿＿＿＿
2. 中国餐馆离学校＿＿＿＿？　答＿＿＿＿＿＿＿＿＿＿
3. 中国菜＿＿＿怎么样？　　答＿＿＿＿＿＿＿＿＿＿

三、学習ポイント2を使って、対話文を作りましょう。

1. 家が大学から遠いかたずねる。
　　A：你家＿＿＿大学＿＿＿吗？
　　B：＿＿＿＿＿。

2. ～をちょっと紹介して下さいとお願いする。
　　A：＿＿＿＿＿＿＿＿＿
　　B：我的爱好是＿＿＿＿＿＿＿。

130

第九課

課文 1

一、録音を聞いて、書き取りましょう。　　　　　　　　　　　　　　　V 9-⑨

1　你_____包饺子吗?
2　周末的学园节，你们_____卖什么?
3　你们_____卖冷冻饺子_____。

二、録音を聞いて書き取り、質問に答えましょう。

1　李燕_____ _____饺子吗?　　答_____
2　周末的学园节，他们_____ _____什么?　　答_____
3　山本也_____吗?　　答_____

三、学習ポイント1を使って、文を作りましょう。

1　「("会"を使って) ～できる」　　_____
2　「("能"を使って) ～できる」　　_____
3　「～するはずがない」　　_____

課文 2

一、録音を聞いて、書き取りましょう。　　　　　　　　　　　　　　　V 9-⑩

1　听说李燕在学_____呢。
2　我对日本_____很_____兴趣。
3　_____你们有什么_____?

二、録音を聞いて書き取り、質問に答えましょう。

1　李燕在学_____?　　答_____
2　学园节，李燕有_____?　　答_____
3　李燕对什么_____?　　答_____

三、学習ポイント2を使って、対話文を作りましょう。

1　何をしているところかたずねる。　　A：你_____做什么_____?
　　　　　　　　　　　　　　　　　　B：_____。
2　～していいかたずねる。　　　　　　A：我_____吗?
　　　　　　　　　　　　　　　　　　B：当然可以。

第十課

課文 1

一、録音を聞いて、書き取りましょう。　V 10-⑨

1　请你做个_____。
2　明天_____？
3　你_____一下。

二、録音を聞いて書き取り、質問に答えましょう。

1　谁_____了？　　　　　　　答_____
2　铃木_____山本_____？　答_____
3　_____？　　　　　　　答_____

三、学習ポイント1を使って、文を作りましょう。

1　「～になった」（変化の"了"）　_____
2　二重目的語の文　_____
3　「～しないで」　_____

課文 2

一、録音を聞いて、書き取りましょう。　V 10-⑩

1　这次考试_____。
2　你哥哥_____你_____几岁？
3　_____感冒了，我_____。

二、録音を聞いて書き取り、質問に答えましょう。

1　这次考试山本_____？　　　答_____
2　山本觉得_____考试难吗？　答_____
3　_____？　　　　　　　答_____

三、学習ポイント2を使って、対話文を作りましょう。

1　比べてみよう。
　　A：_____比_____ _____吗？
　　B：_____没有_____ _____。

2　腕前をたずねる。
　　A：你_____得怎么样？
　　B：我_____得_____。

第十一課

課文1

一、録音を聞いて、書き取りましょう。

1　現在去_____吧。
2　我_____她的电话号码。
3　我_____她是中国人。

二、録音を聞いて書き取り、質問に答えましょう。

1　铃木_____了吗？　　　　　答_____
2　_____交作业？　　　　　　答_____
3　_____？　　　　　答_____

三、学習ポイント1を使って、文を作りましょう。

1　「～し終わったか」と聞く。　　_____
2　「もうすぐ～する」　　　　　　_____
3　「～と思い込んでいた」　　　　_____

課文2

一、録音を聞いて、書き取りましょう。

1　妈妈不_____我去_____。
2　你_____ _____了吗？
3　麻婆豆腐非常_____。你_____吃吗？

二、録音を聞いて書き取り、質問に答えましょう。

1　箱根_____吗？　　　　　答_____
2　铃木的爸爸_____吗？　　答_____
3　_____？　　　　答_____

三、学習ポイント2を使って、対話文を作りましょう。

1　「～は味はどう」とたずねる。　　A：_____味道怎么样？
　　　　　　　　　　　　　　　　　B：味道_____
2　お母さんは「～させますか」とたずねる。　A：你妈妈_____你_____吗？
　　　　　　　　　　　　　　　　　B：她_____

第十二課

課文 1

一、録音を聞いて、書き取りましょう。　　　V 12-⑨

1　＿＿＿＿＿她去留学。
2　我放假＿＿＿＿＿。
3　他做的菜是＿＿＿＿＿四川菜。

二、録音を聞いて書き取り、質問に答えましょう。

1　铃木春假＿＿＿做＿＿＿？　　答＿＿＿＿＿＿＿＿＿＿
2　李燕＿＿＿回去吗？　　　　　答＿＿＿＿＿＿＿＿＿＿
3　李燕＿＿＿＿＿？　　　　　　答＿＿＿＿＿＿＿＿＿＿

三、学習ポイント１を使って、文を作りましょう。

1　方向補語を使って「～したか」聞く。　＿＿＿＿＿＿＿＿
2　方向補語を使って「～しなかった」という。＿＿＿＿＿＿
3　「もし～なら…」　＿＿＿＿＿＿＿＿＿＿＿＿＿＿＿＿

課文 2

一、録音を聞いて、書き取りましょう。　　　V 12-⑩

1　＿＿＿＿＿＿，我想去中国旅游。
2　＿＿＿＿＿你来我家玩儿。
3　日本的化妆品＿＿＿＿＿＿。

二、録音を聞いて書き取り、質問に答えましょう。

1　铃木＿＿＿哪儿？　　　　　　答＿＿＿＿＿＿＿＿＿＿
2　有机会的话，铃木＿＿＿＿看看？　答＿＿＿＿＿＿＿＿
3　＿＿＿＿＿＿＿？　　　　　　答＿＿＿＿＿＿＿＿＿＿

三、学習ポイント２を使って、対話文を作りましょう。

1　「自分で～すべきだ」と答える。
　　A：我＿＿＿看看你的作业吗？
　　B：不行。你＿＿＿自己写。
2　何を買って帰ってきたかたずねる。
　　A：你爸爸＿＿＿＿＿什么礼物了？
　　B：一些＿＿＿＿＿。

索 引

※**数字**は課を表す。
数字の後ろは、以下を表す。
課①＝課文1　課②＝課文2　ポ①＝ポイント1　ポ②＝ポイント2
総＝総合練習　コ＝コラム　応＝応用練習　ス＝ステップアップ　発＝発音
※発音編・コラムについては一部の語句のみ索引に入れた。

A

啊	a	（助）	注意を促したり念を押したりするときに用いる 10 課①
矮	ǎi	（形）	低い 11 ポ②
爱好	àihào	（名）	趣味 5 課①
爱情片	àiqíngpiàn	（名）	恋愛映画 5 課①
哎呀	āiyā	（感）	驚いた時などに発する言葉 11 課①

B

吧	ba	（助）	～しよう、～なさい、～したら 4 課①
八	bā	（数）	8　1 発 4
爸爸	bàba	（名）	父、お父さん 2 コ
百	bǎi	（数）	（位を表す）百 6 課①
百货商店	bǎihuò shāngdiàn	（名）	デパート 5 総
半	bàn	（数）	30分、半、半分 5 コ
办	bàn	（動）	する、行う 9 課②
半个小时	bàn ge xiǎoshí		30分間 7 ポ②
半年	bàn nián		半年 7 ポ②
包	bāo	（動）	包む 9 課①
包	bāo	（名）	かばん 10 総
报告	bàogào	（名）	レポート 4 ポ②
保健品	bǎojiànpǐn	（名）	健康用品、サプリメント 12 課②
杯	bēi	（量）	～杯 6 ポ①
背	bèi	（動）	暗記する 11 総
背包	bèibāo	（名）	リュックサック 6 ポ②
北边儿	běibianr	（方位）	北 6 ポ②
北京	Běijīng	（固）	北京 3 総
北京烤鸭	Běijīng kǎoyā	（名）	北京ダック 7 ポ②
本	běn	（量）	（書物を数え）～冊 6 ポ①
比	bǐ	（前）	～より、～に比べて 10 課②
笔试	bǐshì	（名）	筆記試験 10 課①
毕业	bìyè	（動+）	卒業する 11 ポ①
边…边…	biān...biān...		～しながら～する 11.12 応
便利店	biànlìdiàn	（名）	コンビニ 4 ポ①
别	bié	（副）	～しないように 10 課①
不	bù	（副）	～でない、～しない（否定を表す） 2 課②
不到长城非好汉	Bú dào Chángchéng fēi hǎohàn		「長城に至らずんば好男子にあらず」から、「初心を貫いてこそ立派な男子といえる」 7 課①
不见不散	bú jiàn bú sàn		会うまで解散しない（待ち合わせの決まり文句）必ず会おう 5 課②
不客气	bú kèqi		遠慮しない 12 課①
不太	bú tài		あまり～でない 4 課②
不一会儿	bù yíhuìr		間もなく 11.12 応
不错	búcuò	（形）	よい 6 課①
不过	búguò	（接）	しかし 7 課②
不用	búyòng	（副）	～する必要ない 4 ポ②

C

菜	cài	（名）	おかず、料理 8 ポ①
餐馆	cānguǎn	（名）	レストラン 5 総、8 課②
参观	cānguān	（動）	見学する、参観する 7.8 応
参加	cānjiā	（動）	参加する 9 ポ②
餐厅	cāntīng	（名）	レストラン 10 総
草莓	cǎoméi	（名）	イチゴ 6 課①
茶	chá	（名）	お茶 4 課②
差	chà	（動）	不足する 5 コ
差不多	chàbuduō	（副）	大体、ほとんど 11 総
茶道	chádào	（名）	茶道 9 課②
茶会	cháhuì	（名）	茶会 9 課②
尝	cháng	（動）	味わう 4 課②
唱	chàng	（動）	歌う 9 ポ①
尝尝	chángchang		食べてみる 4 課②
常常	chángcháng	（副）	いつも、よく 11 総
长城	Chángchéng	（固）	万里の長城 7 課①
超市	chāoshì	（名）	スーパー 5 ポ②
车	chē	（名）	車 11 課②
车站	chēzhàn	（名）	駅、停留所 6 課②
成绩	chéngjì	（名）	成績 9.10 応
衬衫	chènshān	（名）	シャツ、ブラウス 12 総
吃	chī	（動）	食べる 4 課①
迟到	chídào	（動）	遅刻する 10 ポ①
出	chū	（動）	出る 12 課①
～出来	chūlai	（方向補語）	～して出て来る 12 ポ②
～出去	chūqu	（方向補語）	～して出て行く 12 ポ②
穿	chuān	（動）	着る、履く 11 ポ②
春假	chūnjià	（名）	春休み 12 課②
春节	Chūnjié	（名）	中国の旧正月 8 ポ②
次	cì	（量）	～回 7 ポ②
词典	cídiǎn	（名）	辞典 5 ポ②
从	cóng	（前）	～から（時間や空間の起点を表す） 8 課①
从早到晚	cóng zǎo dào wǎn		朝から晩まで 8 ポ①
从～到…	cóng~dào...		～から…まで（起点から終点まで、開始から終了まで） 7 コ、8 課①
～错	cuò	（結果補語）	～し間違える 11 課①

135

D

大	dà	（形）	大きい	3 ポ①
打	dǎ	（動）	打つ、（球技やゲームなど）する	5 課①
打	dǎ	（動）	（電話を）かける	9 ポ②
打工	dǎgōng	（動＋）	アルバイトする	5 課②
打算	dǎsuàn/dǎsuan	（動）	～するつもりだ	9 課①
大学	dàxué	（名）	大学	3 総
大学生	dàxuéshēng	（名）	大学生	2 ポ①
打折	dǎzhé	（動＋）	割引する	6 コ
带	dài	（動）	連れる、携帯する	6 課②
当然	dāngrán	（副）	当然	7 課①
～到	dào	（結果補語）	～して目的に達する	11 ポ①
到	dào	（動）	到着する	11.12 応
的	de	（助）	～の	3 課①
得	de	（助）	～するのが…	10 課②
得	děi	（助動）	～しなければならない	10 課①
等	děng	（動）	待つ	7 課②
点	diǎn	（量）	（時刻）～時	5 課②
点心	diǎnxin	（名）	菓子、軽食	4 総
电车	diànchē	（名）	電車	8 総、11 課②
电话	diànhuà	（名）	電話	9 ポ②
电脑	diànnǎo	（名）	パソコン	8 ポ①
电视	diànshì	（名）	テレビ	7 総
电视剧	diànshìjù	（名）	テレビドラマ	9 総
电影	diànyǐng	（名）	映画	5 課①
店员	diànyuán	（名）	店員	6 課①
地道	dìdao	（形）	正真正銘の、本場の	8 課②
弟弟	dìdi	（名）	弟	2 コ
地方	dìfang	（名）	ところ、場所	7 課①
迪士尼乐园	Díshìní lèyuán	（固）	ディズニーランド	7 総
地铁	dìtiě	（名）	地下鉄	4 ポ①
～懂	dǒng	（結果補語）	～してわかる	11 ポ①
东边儿	dōngbianr	（方位）	東	6 ポ②
东京	Dōngjīng	（固）	東京	3 総
动漫	dòngmàn	（名）	アニメ（と漫画）	5 課①
冬天	dōngtiān	（名）	冬	11 ポ②
东西	dōngxi	（名）	もの、品	4 ポ②
都	dōu	（副）	いずれも、みな	2 コ
对	duì	（形）	正しい、その通りだ	2 課①
对	duì	（前）	～に対して	9 課②
对方	duìfāng	（名）	相手	7.8 応
对了	duìle		そうだ	10 課①
对面	duìmiàn	（方位）	むかい	6 ポ②
多	duō	（形）	多い	3 ポ①
多	duō	（形）	多い ※"多"＋動詞（たくさん～する）	10 課②
多	duō	（数）	～過ぎ、～あまり	12 総
多长时间	duō cháng shíjiān		どれぐらいの時間	7 コ
多了	duō le		ずっと	10 課②
多少	duōshao	（疑代）	いくつ、どのくらい	6 課①
多少钱	duōshao qián		いくら	6 課①

E

欸	éi	（感嘆）	おや、あら	7 課①
二	èr	（数）	2	1 発4

F

法国	Fǎguó	（固）	フランス	12 総
饭	fàn	（名）	ごはん、食事	4 課①
放春假	fàng chūnjià		春休みになる	8 ポ①
放暑假	fàng shǔjià		夏休みになる	7 コ
放假	fàngjià	（動＋）	休みになる	12 課①
法语	Fǎyǔ	（名）	フランス語	3 課①
非常	fēicháng	（副）	とても	3 ポ①
飞机	fēijī	（名）	飛行機	7 コ
分	fēn	（量）	～分	5 コ
分	fēn	（量）	分 ※元の100分の1（中国の通貨の単位）	6 コ
分钟	fēnzhōng	（量）	～分間	7 コ
风景	fēngjǐng	（名）	景色	7 総
附近	fùjìn	（名）	近く、近所	6 課②
父母	fùmǔ	（名）	両親	11 ポ②
父亲	fùqin	（名）	父親	11 ポ②
富士山	Fùshìshān	（固）	富士山	7 総
复习	fùxí	（動）	復習する	11 総

G

咖喱饭	gālífàn	（名）	カレーライス	4 課②
感	gǎn	（動）	感じる	9 課②
敢	gǎn	（助動）	～する勇気がある	11 課②
感冒	gǎnmào	（名・動）	風邪（をひく）	10 課①
刚	gāng	（副）	～したばかり	11 課②
钢琴	gāngqín	（名）	ピアノ	9 総
高	gāo	（形）	高い	10 ポ①
告诉	gàosu	（動）	伝える	10 課①
高兴	gāoxìng	（形）	うれしい	3 課①
个	ge	（量）	（もの・人を数え）～個、～人	6 ポ①
歌	gē	（名）	歌	9 ポ①
～个小时	ge xiǎo shí		～時間	7 課②
～个星期	ge xīngqī		～週間	7 コ
～个月	ge yuè		～ヶ月	7 コ
哥哥	gēge	（名）	兄、お兄さん	2 コ
个子	gèzi	（名）	身長	11 ポ②
给	gěi	（動）	与える、あげる、くれる	10 ポ①
给	gěi	（前）	～のために	12 総
跟	gēn	（前）	（のあと）～について、～と	9.10 応
更	gèng	（副）	更に	10 課②
公分	gōngfēn	（量）	センチメートル	10 総
公交车	gōngjiāochē	（名）	バス	4 ポ①
公司	gōngsī	（名）	会社	2 総
公司职员	gōngsī zhíyuán		会社員	2 総
工作	gōngzuò	（動）	仕事する、働く	8 ポ①
工作	gōngzuò	（名）	仕事	11 ポ②

狗	gǒu	(名)	犬	5 ポ①
故宮	Gùgōng	(固)	故宮博物院	7 課①
逛	guàng	(動)	ぶらぶらする	12 ポ①
貴	guì	(形)	(値が)高い	3 ポ①
貴姓	guìxìng	(名)	お名前(姓を尋ねる時に使う)	2 課②
国	guó	(名)	国	2 課①
过	guo	(助)	〜したことがある	7 課①
过	guò	(動)	過ぎる、越える	12 ポ②
〜过来	guòlai	(方向補語)	〜して越えて行く	12 ポ②
〜过去	guòqu	(方向補語)	〜して越えて来る	12 ポ②

H

还	hái	(副)	そのほか、さらに、また	5 課①
还	hái	(副)	まだ	7 ポ①
还可以	hái kěyǐ	(副)	まあまあだ	10 課②
还行	hái xíng		まあまあだ	3 課①
还有	hái yǒu		まだ〜がある、それから	7 課①
还是	háishi	(接)	それとも	5 課①
还是	háishi	(副)	やはり	9 課①
韩国	Hánguó	(固)	韓国	2 ポ①
寒假	hánjià	(名)	冬休み	11 ポ①
韩语	Hányǔ	(名)	韓国語	9 総
汉语	Hànyǔ	(名)	中国語	3 ポ①
号	hào	(量)	〜号、〜番、〜日	3 課②、5 コ
好	hǎo	(形)	よい	2 課①
好	hǎo	(形)	(承諾の返事として使い)わかった、OK	4 課①
〜好	hǎo	(結果補語)	ちゃんと〜しあげる	11 ポ①
好的	hǎo de		(承諾の返事として使い)OK、わかった ※"的"は断定の語気を表す	4 課②
好吃	hǎochī	(形)	おいしい	4 課①
好好儿	hǎohāor		よく、しっかりと、十分に	10 課①
好久不见	hǎojiǔ bú jiàn		お久しぶりです。	3 課①
好久没〜了	hǎojiǔ méi〜le		しばらく〜していない	12 総
好看	hǎokàn	(形)	きれいだ、かっこいい	6 総
喝	hē	(動)	飲む	4 課①
和	hé	(接)	〜と…	4 総
和	hé	(前)	〜と	4.5 応
盒	hé	(量)	(容器に入ったものを数える)〜個、〜箱、	6 課①
很	hěn	(副)	とても	3 課①
横浜中华街	Héngbīn Zhōnghuájiē	(固)	横浜中華街	7 総
红茶	hóngchá	(名)	紅茶	4 ポ②
红叶	hóngyè	(名)	紅葉	11 課②

后边儿	hòubianr	(方位)	後ろ	6 ポ②
后年	hòunián	(名)	再来年	5 コ
后天	hòutiān	(名)	明後日	5 課②
互相	hùxiāng	(副)	お互いに	7.8 応
护照	hùzhào	(名)	パスポート	12 ポ②
花	huā	(名)	花	6 課②
话	huà	(名)	ことば、話	11 ポ①
花店	huādiàn	(名)	花屋	6 課②
滑雪	huáxuě	(動+)	スキーをする	10 総
化妆品	huàzhuāngpǐn	(名)	化粧品	12 課②
欢迎	huānyíng	(動)	歓迎する	9 課②
回	huí	(動)	帰る	8 ポ①
会	huì	(助動)	〜することができる、〜するだろう、〜するはずだ	9 課①
会	huì	(動)	できる	9.10 応
回去	huíqù	(動+)	帰っていく	12 課①
回头见	huítóu jiàn		また後で	4 総
活动	huódòng	(名)	活動	9 課②

J

几	jǐ	(疑代)	いくつ	3 課②
记	jì	(動)	覚える	11 課①
几年	jǐ nián		何年間	7 ポ②
机会	jīhuì	(名)	チャンス	12 ポ①
家	jiā	(名)	家	6 ポ①
家	jiā	(量)	(店など)〜軒	6 課①
家人	jiārén	(名)	家族	8 総
驾(驶执)照	jià(shǐ zhí)zhào	(名)	車の免許	11 課②
见	jiàn	(動)	会う	5 課②
件	jiàn	(量)	(服や事柄)〜着、〜件	6 ポ①
健康	jiànkāng	(形)	健康な	11 ポ②
见面	jiànmiàn	(動+)	会う	7.8 応、12 課①
教	jiāo	(動)	教える	9 課①
交	jiāo	(動)	提出する	11 課①
角	jiǎo	(量)	角※元の10分の1(中国の通貨の単位)	6 コ
叫	jiào	(動)	名前を〜という、〜と呼ぶ	2 課②
教室	jiàoshì	(名)	教室	6 ポ②
饺子	jiǎozi	(名)	ギョーザ	9 課①
借	jiè	(動)	貸す、借りる	11 総
姐姐	jiějie	(名)	姉、お姉さん	2 コ
介绍	jièshào	(動)	紹介する	3 課①
结束	jiéshù	(動)	終わる	7.8 応
进	jìn	(動)	入る	12 ポ①
斤	jīn	(量)	500グラム(中国の重さの単位)	6 コ
〜进来	jìnlai	(方向補語)	〜して入って行く	12 ポ②
今年	jīnnián	(名)	今年	5 コ
〜进去	jìnqu	(方向補語)	〜して入って来る	12 ポ②
今天	jīntiān	(名)	今日	4 課②
经常	jīngcháng	(副)	常に、いつも	9 課①

索引

137

经济学院	jīngjì xuéyuàn		経済学部	3 課②
经济学	jīngjìxué	（名）	経済学	3 総
经营学	jīngyíngxué	（名）	経営学	3 課②
就	jiù	（副）	すぐ、直ちに、もう、ちょうど	8 課②
就	jiù	（副）	（～すれば）すぐ…	10 課②
九	jiǔ	（数）	9	1 発4
酒	jiǔ	（名）	酒	9 ポ①
就要～了	jiù yào ~ le		まもなく～する／になる	7 コ、11 課①
觉得	juéde	（動）	感じる、思う	7 課②

K

咖啡	kāfēi	（名）	コーヒー	4 ポ②
开	kāi	（動）	運転する、運行する	11 課②
开车	kāichē	（動＋）	車を運転する	9 ポ①、11 課②
开车	kāichē	（動＋）	発車する	11.12 応
开始	kāishǐ	（動）	開始する	8 課①
开心	kāixīn	（形）	楽しい	11.12 応
开学	kāixué	（動＋）	学校が始まる	7 コ
看	kàn	（動）	見る、（声に出さずに）読む、会う	5 課①
考	kǎo	（動）	試験する	10 課①
考试	kǎoshì	（名）	試験	10 総
课	kè	（名）	授業	5 ス、8 課①
可爱	kě'ài	（形）	かわいい	6 課①
课本	kèběn	（名）	教科書	3 ポ①
科幻片	kēhuànpiàn	（名）	SF 映画	5 課①
可是	kěshì	（接）	しかし	9 ポ①、11 課②
课文	kèwén	（名）	テキストの本文	11 総
可以	kěyǐ	（助動）	～してかまわない、～ができる	9 課②
空儿	kòngr	（名）	ひま	5 課②
口	kǒu	（量）	（家族全体の人数）～人	6 ポ①
口试	kǒushì	（名）	口頭試験	10 課①
哭	kū	（動）	泣く	10 ポ①
快	kuài	（形）	速い	10 ポ①、11 課①
块	kuài	（量）	元の口語（中国の通貨の単位）	6 総
快点儿	kuài diǎnr		速く、さっさと	11 課①
快餐店	kuàicāndiàn	（名）	ファーストフード店	6 総
裤子	kùzi	（名）	ズボン	6 総

L

啦	la	（助）	"了"+"啊"語気を強める、「～だよ」	10 課①
辣	là	（形）	辛い	4 課②
拉面	lāmiàn	（名）	ラーメン	4 課②
来	lái	（動）	来る	4 ポ①
～来	lái(lai)	（方向補語）	～して来る	12 ポ①
来不及	láibují		間に合わない	11 課①
来得及	láidejí		間に合う	9 課①
老	lǎo	（形）	昔からの	8 コ
老朋友	lǎo péngyou	（名）	古くからの友人	8 コ

老家	lǎojiā	（名）	実家、故郷	12 ポ①
姥姥	lǎolao	（名）	（母方の）祖母、おばあちゃん	2 コ
老师	lǎoshī	（名）	先生	2 課②
姥爷	lǎoye	（名）	（母方の）祖父、おじいちゃん	2 コ
了	le	（助）	～した	7 課①
了	le	（助）	～になる、～になった	10 課①
冷	lěng	（形）	寒い	10 課①
冷冻	lěngdòng	（動）	冷凍する	9 課①
～里	li	（方位）	～の中	6 ポ②
梨	lí	（名）	梨	6 ス
离	lí	（前）	～から、～まで（二点間の距離・時間の隔たり）	7 コ、8 課②
里边儿	lǐbianr	（方位）	なか	6 ポ②
理工学	lǐgōngxué	（名）	理工学	3 総
礼物	lǐwù	（名）	プレゼント	6 課②
练习	liànxí	（動）	練習する	9.10 応
两	liǎng	（数）	2、ふたつ	5 コ、6 課①
凉快	liángkuai	（形）	涼しい	10 ポ①
聊	liáo	（動）	雑談する	11.12 応
了解	liǎojiě	（動）	理解する	9.10 応
〇	líng	（数）	ゼロ	5 コ
零	líng	（数）	ゼロ、空位を表す	6 ポ①
铃	líng	（名）	ベル	11.12 応
六	liù	（数）	6	1 発4
流利	liúlì	（形）	流ちょうな	10 ポ①
留学	liúxué	（動＋）	留学する	11 ポ①、12 課①
留学生	liúxuéshēng	（名）	留学生	2 ポ①
楼	lóu	（名／量）	ビル／～階	3 課②
录音	lùyīn	（名）	録音	4 ポ①
旅游	lǚyóu	（動）	旅行する	4 ポ①

M

吗	ma	（助）	～ですか、～ますか（疑問を表す）	2 課①
嘛	ma	（助）	「事実・当然だ」という気分を表す	7 課①
麻婆豆腐	mápó dòufu	（名）	麻婆豆腐	4 総
卖	mài	（動）	売る	6 コ、9 課①
买	mǎi	（動）	買う	4 ポ①
买东西	mǎi dōngxi		買い物する	4 ポ②
妈妈	māma	（名）	母、お母さん	2 コ
漫画	mànhuà	（名）	漫画	11 総
忙	máng	（形）	忙しい	11 ポ②
猫	māo	（名）	猫	5 ポ①
毛	máo	（量）	角の口語（中国の通貨の単位）	6 コ
帽子	màozi	（名）	帽子	12 総
每次	měi cì		毎回	8 課①
没问题	méi wèntí		問題ない、大丈夫	5 課②
没有	méiyǒu	（動）	ない、持っていない	5 課②

没（有）	méi(you)	（副）	～しなかった、～していない	7課①
美国	Měiguó	（固）	アメリカ	2ポ①
妹妹	mèimei	（名）	妹	2コ
美食	měishí	（名）	美食	7課②
每天	měitiān		毎日	4ポ①
门口	ménkǒu	（名）	入口、戸口	5課②
米	mǐ	（量）	メートル	9ポ①
迷人	mírén	（形）	人を陶酔させる、魅力的だ	7課②
面包	miànbāo	（名）	パン	4ポ②
名胜古迹	míngshèng gǔjì		名所旧跡	12総
明年	míngnián	（名）	来年	5課①
明天	míngtiān	（名）	明日	5ポ①、5課①
名字	míngzi	（名）	名前、フルネーム	2課①
抹茶	mǒchá	（名）	抹茶	6課①
母亲	mǔqin	（名）	母親	11ポ①
母亲节	Mǔqīn Jié	（名）	母の日	6課②

N

那	nà	（代）	あれ、あの	3ポ①
那	nà	（接）	それでは	4課①
哪	nǎ(něi)	（疑代）	どれ、どの	2課①
拿到	nádào	（動＋）	手に入れる、手に入る	11課②
那个	nàge/nèige	（代）	あれ、あの（1つ）	3ポ①
哪个	nǎge/něige	（疑代）	どれ、どの（1つ）	3ポ①
那里	nàli	（代）	あそこ、そこ	6ポ②
哪里	nǎli	（疑代）	どこ	3ポ①
哪里哪里	nǎlinǎli		いえいえ（第一課既出）	10課②
奶奶	nǎinai	（名）	（父方の）祖母、おばあちゃん	2コ
难	nán	（形）	難しい	3ポ①
南边儿	nánbianr	（方位）	南	6ポ②
男朋友	nánpéngyou	（名）	ボーイフレンド、彼氏	10ポ①
那儿	nàr	（代）	あそこ、そこ	6ポ②
哪儿	nǎr	（疑代）	どこ	3課②
呢	ne	（助）	～は？	2課②
呢	ne	（助）	「今～という状況だ」という語気を表す	9課①
哪天	něi tiān/nǎ tiān		いつか、いつの日か	8課②
内容	nèiróng	（名）	内容	11総
哪些	něixiē/nǎxiē	（疑代）	どれら、どの	7課①
能	néng	（助動）	～することができる	9課①
你	nǐ	（代）	あなた	2課①
你好	nǐ hǎo		こんにちは（初対面のあいさつ言葉）	2課①
你看	nǐ kàn		見てごらん、ほら	7課①
年	nián	（量）	～年	5コ
年级	niánjí	（名）	学年	3課②
年轻人	niánqīngrén	（名）	若者	8コ
你们	nǐmen	（代）	あなたたち	2ポ①
您	nín	（代）	あなた（敬称）	2ポ①
暖和	nuǎnhuo	（形）	暖かい	10ポ①
女朋友	nǚpéngyou	（名）	ガールフレンド、彼女	10ポ①

O

偶像	ǒuxiàng	（名）	アイドル	8コ

P

爬	pá	（動）	登る	7ポ①
拍	pāi	（動）	（写真を）とる	7課①
排	pái	（動）	並ぶ、配列する	7課②
排队	páiduì	（動＋）	列を作る	7課②
旁边儿	pángbiānr	（方位）	そば、隣	6課②
跑	pǎo	（動）	走る	10ポ①
朋友	péngyou	（名）	友達	3課①
便宜	piányi	（形）	安い	3ポ①、4課①
便宜一点儿吧	piányi yìdiǎnr ba		ちょっと安くしてください	6総
票	piào	（名）	チケット	10ポ①
漂亮	piàoliang	（形）	きれいだ	7ポ①
苹果	píngguǒ	（名）	リンゴ	6ス
乒乓球	pīngpāngqiú	（名）	卓球	9総

Q

七	qī	（数）	7	1発4
起	qǐ	（動）	起きる	10ポ①
～起来	qǐlai	（方向補語）	～して（起き）上がる	12ポ②
千	qiān	（数）	（位を表す）千	6課①
钱	qián	（名）	お金	6課①
钱包	qiánbāo	（名）	財布	11ポ①
前边儿	qiánbianr	（方位）	前	6ポ②
前面	qiánmiàn	（方位）	前	11.12応
前年	qiánnián	（名）	一昨年	5コ
前天	qiántiān	（名）	一昨日	5コ
巧克力	qiǎokèlì	（名）	チョコレート	6課①
请	qǐng	（動）	どうぞ…してください	8ポ②
请	qǐng	（動）	招待する	11.12応
请客	qǐngkè	（動＋）	おごる、ごちそうする	12課①
请问	qǐngwèn		ちょっとお尋ねします	2課①
去	qù	（動）	行く	3ポ①
～去	qù(qu)	（方向補語）	～して行く	12ポ②
去年	qùnián	（名）	去年	5コ

R

让	ràng	（動）	～させる	11課②
热	rè	（形）	暑い、熱い	4ポ②
人	rén	（名）	人	2課①
人气	rénqì	（名）	人気	12課②
认识	rènshi	（動）	知り合う	3課①
认真	rènzhēn	（形）	真面目だ	7ポ①
日本	Rìběn	（固）	日本	2課①
日语	Rìyǔ	（名）	日本語	8総
日元	Rìyuán	（量）	日本円	6課①

中文	ピンイン	品詞	意味	課
容易	róngyì	(形)	簡単だ	3 ポ①、10 課②

S

中文	ピンイン	品詞	意味	課
三	sān	(数)	3	1 発4
三刻	sān kè		45分	5 コ
三明治	sānmíngzhì	(名)	サンドイッチ	4 ポ①
涩谷	Sègǔ	(固)	渋谷	8 総
～上	shang	(方位)	～の上、～の表面	6 ポ②
上	shàng	(動)	上がる	12 ポ②
上次	shàng cì		前回	10 課②
上个星期	shàng ge xīngqī		先週	5 コ
上个月	shàng ge yuè		先月	5 コ
上边儿	shàngbianr	(方位)	上	6 ポ②
上车	shàngchē	(動+)	乗車する	11.12 応
上海	Shànghǎi	(固)	上海	7 課②
上课	shàngkè	(動+)	授業する、授業に出る、授業が始まる	7 課②
～上来	shànglai	(方向補語)	～して上って行く	12 ポ②
商量	shāngliang	(動)	相談する	8 ポ②
～上去	shàngqu	(方向補語)	～して上って来る	12 ポ②
上网	shàngwǎng	(動+)	インターネットをする	7 ポ②
上午	shàngwǔ	(名)	午前（中）	5 ポ②
少	shǎo	(形)	少ない	3 ポ①
谁	shéi/shuí	(疑代)	だれ	3 ポ②
生病	shēngbìng	(動+)	病気になる	10 総
圣诞派对	Shèngdàn pàiduì	(名)	クリスマスパーティー	11 総
圣诞节	Shèngdànjié	(固)	クリスマス	11 総
生日蛋糕	shēngrì dàngāo	(名)	誕生日ケーキ	12 総
什么	shénme	(疑代)	何、どんな	2 課①
什么时候	shénme shíhou	(疑代)	いつ	5 課②
身体	shēntǐ	(名)	体	11 ポ②
十	shí	(数)	10	1 発4
是	shì	(動)	～である	2 課①
试	shì	(動)	試す	8 ポ①
事	shì	(名)	用事、事柄	9 ポ①
是啊	shì a		そう、その通りだ	9 課②
是吗	shì ma		（応答として）そうなの？そうなんだ？	5 課②
是～的	shì~de		…したのだ	8 課①
时间	shíjiān	(名)	時間	5 課②
食堂	shítáng	(名)	食堂	4 課①
首	shǒu	(量)	詩や歌などを数える	9 ポ①
受欢迎	shòu huānyíng		人気がある	6 課①
寿司	shòusī	(名)	寿司	4 総
手机	shǒujī	(名)	携帯電話	8 コ
手机号码	shǒujī hàomǎ		携帯電話の番号	10 ポ①
束	shù	(量)	（束になっているもの）～束	6 ポ②
书	shū	(名)	本	5 ポ②
书包	shūbāo	(名)	（学生の）カバン	12 総
暑假	shǔjià	(名)	夏休み	7 課①
双	shuāng	(量)	（靴などペアになるもの）～足、組	6 ポ①
水果	shuǐguǒ	(名)	果物	11.12 応
睡	shuì	(動)	寝る	10 ポ②
睡觉	shuìjiào	(動+)	眠る	7 ポ②
说	shuō	(動)	言う、話す	7.8 応
说话	shuōhuà	(動+)	話す	10 ポ①
说说笑笑	shuōshuōxiàoxiao		話したり笑ったりする	11.12 応
四	sì	(数)	4	1 発4
送	sòng	(動)	プレゼントする	6 コ
宿舍	sùshè	(名)	寮、宿舎	12 課②
岁	suì	(量)	～歳	5 ポ②
随便	suíbiàn	(形)	勝手に	11 総
虽然	suīrán	(接)	～であるが～	11.12 応
所以	suǒyǐ	(接)	だから	7.8 応

T

中文	ピンイン	品詞	意味	課
T恤衫	T-xùshān	(名)	Tシャツ	6 ポ①
他	tā	(代)	彼	2 ポ①
她	tā	(代)	彼女	2 ポ①
太～了	tài~le		～すぎる、あまりに～だ	6 総
台湾	Táiwān	(固)	台湾	8 総
他们	tāmen	(代)	彼ら	2 ポ①
她们	tāmen	(代)	彼女たち	2 ポ①
弹	tán	(動)	弾く	9 総
特别	tèbié	(副)	特に、とりわけ	7 課②
踢	tī	(動)	ける、（サッカーを）する	5 ポ①
体育馆	tǐyùguǎn	(名)	体育館	6 総
～天	tiān	(名/量)	～日（間）	7 コ
甜	tián	(形)	甘い	4 総
天津	Tiānjīn	(固)	天津	7 課①
天气	tiānqì	(名)	天気	10 課①
天坛	Tiāntán	(固)	天壇公園	7 課①
条	tiáo	(量)	（細長いものやズボンなど）～本	6 総
跳舞	tiàowǔ	(動+)	踊る、ダンスをする	9 総
听	tīng	(動)	聞く	4 ポ①
听说	tīngshuō	(動)	～だそうだ、～と伝え聞く	7 課②
同学	tóngxué	(名)	クラスメート	8 総
图书馆	túshūguǎn	(名)	図書館	5 ポ②

W

中文	ピンイン	品詞	意味	課
袜子	wàzi	(名)	靴下	6 ポ①
外边儿	wàibianr	(方位)	外	6 ポ②
外国人	wàiguórén	(名)	外国人	7 ポ②
外滩	Wàitān	(固)	上海の黄浦江岸の一帯、バンド	7 課②
外语	wàiyǔ	(名)	外国語	3 課②
外语学院	wàiyǔ xuéyuàn		外国語学部	3 ポ①
～完	wán	(結果補語)	～し終わる	11 課②
万	wàn	(数)	（位を表す）万	6 ポ①
晚	wǎn	(形)	遅い	10 ポ①

中文	ピンイン	品詞	日本語	出典
晚饭	wǎnfàn	（名）	晩ご飯	11 ポ①
忘	wàng	（動）	忘れる	11 課①
玩儿	wánr	（動）	遊ぶ	7 コ
晚上	wǎnshang	（名）	夜	5 コ、8 課①
网球	wǎngqiú	（名）	テニス	5 課①
味道	wèidao	（名）	味	4 総、8 課②
为什么	wèi shénme	（疑代）	なぜ、どうして	11.12 応
问	wèn	（動）	問う、質問する	7.8 応
文化	wénhuà	（名）	文化	8 ポ②、9 課②
问题	wèntí	（名）	問題	10 ポ①
文学	wénxué	（名）	文学	3 総
我	wǒ	（代）	わたし	2 課①
我们	wǒmen	（代）	私たち	2 ポ①
五	wǔ	（数）	5	1 発 4
午饭	wǔfàn	（名）	昼ご飯	11 ポ①
乌龙茶	wūlóngchá	（名）	ウーロン茶	7 ポ②

X

中文	ピンイン	品詞	日本語	出典
西边儿	xībianr	（方位）	西	6 ポ②
喜欢	xǐhuan	（動）	～（するの）が好きだ	5 課①
希望	xīwàng	（動）	望む、希望する	7.8 応
吸烟	xīyān	（動+）	たばこを吸う	9 ポ②
下	xià	（動）	下がる	12 ポ②
下次	xià cì		次回	7 総
下个星期	xià ge xīngqī		来週	5 コ
下个月	xià ge yuè		来月	5 コ
下边儿	xiàbianr	（方位）	下	6 ポ②
下课	xiàkè	（動+）	授業が終わる	8 課①
～下来	xiàlai	（方向補語）	～して下りて行く	12 ポ②
～下去	xiàqu	（方向補語）	～して下りて来る	12 ポ②
夏天	xiàtiān	（名）	夏	10 ポ①
下午	xiàwǔ	（名）	午後	5 課②
下雨	xiàyǔ	（動+）	雨が降る	9 ポ①
现在	xiànzài	（名）	今、現在	5 コ、9 課②
想	xiǎng	（助動）	～したい	4 課②
想	xiǎng	（動）	考える	12 ポ②
响	xiǎng	（動）	鳴る	11.12 応
香港	Xiānggǎng	（固）	香港	8 総
箱根	Xiānggēn	（固）	箱根	11 課②
小	xiǎo	（形）	小さい	3 ポ①
小笼包	xiǎolóngbāo	（名）	小籠包	7 課②
小说	xiǎoshuō	（名）	小説	5 課①
消息	xiāoxi	（名）	知らせ	10 課②
鞋	xié	（名）	靴	6 ポ①
写	xiě	（動）	書く	4 ポ②
写作业	xiě zuòyè		宿題をする	7 総
新	xīn	（形）	新しい	8 コ
新宿	Xīnsù	（固）	新宿	8 ポ①
行	xíng	（形）	よろしい	4 課①
姓	xìng	（動・名）	姓を～という/姓、名字	2 課①
星期	xīngqī	（名）	～曜日	5 コ
星期几	xīngqī jǐ	（名）	何曜日	5 ポ②
星期二	xīngqī'èr	（名）	火曜日	5 コ
星期六	xīngqīliù	（名）	土曜日	5 ポ①
星期日	xīngqīrì	（名）	日曜日	5 コ
星期三	xīngqīsān	（名）	水曜日	5 ポ②
星期四	xīngqīsì	（名）	木曜日	5 コ
星期天	xīngqītiān	（名）	日曜日	5 ポ①、5 課②
星期五	xīngqīwǔ	（名）	金曜日	5 コ
星期一	xīngqīyī	（名）	月曜日	5 コ
兴趣	xìngqù	（名）	興味、趣味、関心	9 課②
休息	xiūxi	（動）	休む	8 課①
学	xué	（動）	学ぶ、習う	9.10 応
学生	xuéshēng/xuesheng	（名）	学生	2 課①
学习	xuéxí	（動・名）	勉強する・勉強	3 課②
学校	xuéxiào	（名）	学校	3 ポ①
学院	xuéyuàn	（名）	学部	3 課②
学园节	Xuéyuánjié	（名）	学園祭	9 課①

Y

中文	ピンイン	品詞	日本語	出典
要	yào	（助動）	～したい、～するつもりだ、～しなくてはならない	4 課②
要	yào	（動）	欲しい、要る	6 課①
要	yào	（動）	必要だ、かかる	7 コ
要是…的话	yàoshi~dehuà		もし～ならば	12 課①
也	yě	（副）	～も、また	2 課②
夜景	yèjǐng	（名）	夜景	7 課②
爷爷	yéye	（名）	（父方の）祖父、おじいちゃん	2 コ
一	yī	（数）	1	1 発 4
一个半小时	yí ge bàn xiǎoshí		一時間半	7 ポ②
已经	yǐjīng	（副）	すでに、もう	10 課①
一刻	yí kè		15 分	5 コ
一天	yì tiān		一日（いちにち）	4.5 応
一言为定	yì yán wéi dìng		約束した以上反故にしない（約束の決まり文句）これで決まりだ	5 課②
意大利面	yìdàlìmiàn	（名）	パスタ、スパゲッティ	4 課②
一点儿	yìdiǎnr	（数量）	少し	10 ポ①、12 課②
一定	yídìng	（副）	きっと、必ず、ぜひ	4 課②
衣服	yīfu	（名）	服	5 総
一共	yígòng	（副）	合計で	6 課①
颐和园	Yíhéyuán	（固）	頤和園	7 課①
以后	yǐhòu	（方位）	以降、～の後	7 コ、8 課①
一～就…	yī~jiù		～するとすぐ…	7.8 応
一起	yìqǐ	（副）	一緒に	4 ポ①
以前	yǐqián	（方位）	以前	10 課②
以为	yǐwéi	（動）	～と思う、思い込む	11 課①
一下	yíxià		ちょっと～する（動作）	3 課①
一些	yìxiē	（数量）	いくつか、すこし	12 課②
银行	yínháng	（名）	銀行	6 ポ②
因为	yīnwèi	（接）	…なので	7.8 応、10 課①
音乐	yīnyuè	（名）	音楽	5 課①

应该	yīnggāi	（助動）	～すべきだ	12 課②
英语	Yīngyǔ	（名）	英語	3 ポ①
游	yóu	（動）	泳ぐ	9 ポ①
有	yǒu	（動）	ある、いる、持っている	5 課②
又	yòu	（副）	また	7.8 応
又～又…	yòu~yòu...		～でまた…だ	4 課①
右边儿	yòubianr	（方位）	右	6 ポ②
邮局	yóujú	（名）	郵便局	6 ポ②
有名	yǒumíng	（形）	有名だ	7 課②
有意思	yǒu yìsi		面白い	12 総
游泳	yóuyǒng	（動+）	泳ぐ、水泳する	9 ポ①
游泳池	yóuyǒngchí	（名）	プール	10 総
雨伞	yǔsǎn	（名）	かさ	12 総
豫园	Yùyuán	（固）	豫園（上海の名所旧跡のひとつ）	7 課②
元	yuán	（量）	元（中国の通貨の単位）	6 コ
远	yuǎn	（形）	遠い	8 課②
月	yuè	（量）	～月	5 コ
约好	yuēhǎo	（動+）	ちゃんと約束する	11.12 応

Z

杂志	zázhì	（名）	雑誌	8 ポ②
在	zài	（動）	いる/ある、所在を表す	3 課②
在	zài	（前）	～で（…する）	5 課②
在	zài	（副）	～しているところだ	9 課②
咱们	zánmen	（代）	（聞き手も含めた）私たち	2 ポ①
早	zǎo	（形）	早い	10 ポ①
早上	zǎoshang	（名）	朝	5 コ
怎么	zěnme	（疑代）	どうやって、どのように	6 コ、8 ポ①
怎么	zěnme	（疑代）	どうして	10 総
怎么样	zěnmeyàng	（疑代）	いかがですか？	4 課①
张	zhāng	（量）	（平面を持つもの）～枚	10 ポ①
展览	zhǎnlǎn	（名・動）	展示、展覧する	12 総
找	zhǎo	（動）	探す	11 ポ①
照片	zhàopiàn	（名）	写真	7 課①
照相	zhàoxiàng	（動+）	写真を撮る	9 ポ②
这	zhè	（代）	これ、この	3 課①
这个	zhège/zhèige	（代）	これ、この（1つ）	3 ポ①
这次	zhèi ci		今回	10 課②
这个星期	zhèige xīngqī		今週	5 コ
这个月	zhèige yuè		今月	5 コ
这里	zhèli	（代）	ここ、そこ	6 ポ②
真	zhēn	（副）	本当に	6 ポ①
正	zhèng	（副）	ちょうど	9 ポ①
正好	zhènghǎo	（副）	ちょうどよく	12 課②
这儿	zhèr	（代）	ここ、そこ	4 課②
只好	zhǐhǎo	（副）	～するほかない	11.12 応
智能手机	zhìnéng shǒujī	（名）	スマートフォン	8 コ
职员	zhíyuán	（名）	職員	2 総
种	zhǒng	（量）	～種、種類	6 課①
中国	Zhōngguó	（固）	中国	2 課①
中间	zhōngjiān	（方位）	あいだ	6 ポ②
中午	zhōngwǔ	（名）	昼	5 ポ②
周末	zhōumò	（名）	週末	9 課①
住	zhù	（動）	住む、泊まる	12 課②
注意	zhùyì	（動）	注意する	10 課①
专业	zhuānyè	（名）	専攻	3 課②
准备	zhǔnbèi	（動）	準備する	10 課①
桌子	zhuōzi	（名）	机、テーブル	6 ポ②
自己	zìjǐ	（代）	自分	12 総
自我介绍	zìwǒ jièshào		自己紹介	10 課①
综合人类科学	zōnghé rénlèi kēxué		総合人間科学	3 総
走	zǒu	（動）	行く、立ち去る、歩く	4 課①
租车	zū chē	（動+）	車をレンタルする	11 課②
足球	zúqiú	（名）	サッカー	5 ポ①
最	zuì	（副）	最も	11.12 応
最近	zuìjìn	（名）	最近	3 課①
坐	zuò	（動）	乗る、座る	4 ポ①
做	zuò	（動）	する、つくる	7 ポ①、8 課①
做菜	zuò cài	（動+）	料理を作る	9 ポ①
左边儿	zuǒbianr	（方位）	左	6 ポ②
佐藤	Zuǒténg	（名）	佐藤（姓）	2 総
昨天	zuótiān	（名）	昨日	5 コ
座位	zuòwèi	（名）	座席	11.12 応
左右	zuǒyòu	（方位）	～くらい、～前後	7 コ

（固）　＝固有名詞
（名）　＝名詞
（方位）＝方位詞
（数）　＝数詞
（量）　＝量詞
（代）　＝代詞
（疑代）＝疑問代詞（を含むフレーズ）
（動）　＝動詞
（助動）＝助動詞
（形）　＝形容詞
（副）　＝副詞
（前）　＝前置詞
（接）　＝接続詞
（助）　＝助詞
（感嘆）＝感嘆詞
（方向補語）＝方向補語としての用法
（結果補語）＝結果補語としての用法
（数量）＝数詞＋量詞
（動＋）＝動詞のあとに他の成分が置かれていることを示す

執筆協力：中原裕貴
イラスト：浅山友貴

表紙：大下賢一郎
本文デザイン：メディアアート
写真提供：アフロ、Shutterstock、著者

即練！使える中国語

© 2018 年 4 月 1 日　初 版 発 行
　2022 年 1 月 31 日　第 4 刷発行

| 検印
省略 |

著　者　　　　　費燕、馮小喆、胡興智、
（アルファベット順）　黄琬婷、岩井伸子、劉光赤、
　　　　　　　　島田亜実、王熙萍、張彤
発行者　　　　　原　　雅　久
発行所　　　　　株式会社　朝 日 出 版 社
　　　　〒 101-0065　東京都千代田区西神田 3－3－5
　　　　　　　電話(03)3239-0271・72(直通)
　　　　　　振替口座　東京　00140-2-46008
　　　　　　　　http://www.asahipress.com/
　　　　　　　　　　　　　　　　　倉敷印刷

乱丁・落丁本はお取り替えいたします
ISBN978-4-255-45306-4 C1087
本書の一部あるいは全部を無断で複写複製（撮影・デジタル化を含む）及び転載することは，法律上で認められた場合を除き，禁じられています．